INVESTIMENTOS
À PROVA DE CRISE

lua de papel

MARCOS SILVESTRE
Autor do *best-seller 12 Meses para Enriquecer*

INVESTIMENTOS À PROVA DE CRISE

SAIBA COMO GANHAR ATÉ SEIS VEZES MAIS COM A MESMA SEGURANÇA DA POUPANÇA

Um guia prático para aplicar
no **Tesouro Direto** e
na Bolsa de Valores

PROGRAMA DE REEDUCAÇÃO E ORIENTAÇÃO FINANCEIRA
PROF®

Imagens de abertura de capítulo: Fotolia

Direção editorial **Pascoal Soto**
Editor **Pedro Almeida**
Produção editorial **André Fonseca**

Preparação de texto **Jean Xavier**
Revisão **Bete Abreu e Renata Alves**
Capa **Osmane Garcia Filho**
Projeto gráfico e diagramação **A2**
Imagem de Capa **OJO Images/David Lees/Getty Images e altrendo images/Getty Images**

Dados internacionais de catalogação na publicação (CIP)
(Câmara Brasileira do Livro, SP, Brasil)

Silvestre, Marcos
Investimento à prova de crise : saiba como ganhar até seis vezes mais com a mesma segurança da poupança : um guia prático para aplicar no Tesouro Direto e Home Broker / Marcos Silvestre. -- São Paulo : Lua de Papel, 2011.

ISBN 978-85-63066-75-6

1. Finanças pessoais 2. Poupança e investimento 3. Riqueza 4. Sucesso em negócios I. Título.

11-09648 CDD-650.12

Índices para catálogo sistemático:
1. Sucesso financeiro : Administração 650.12

TEXTO EDITORES LTDA.
[Uma editora do grupo LeYa]
Rua Desembargador Paulo Passaláqua, 86
01248-010 – Pacaembu – São Paulo – SP
www.leya.com

A todo aquele que busca o conhecimento e a boa instrução para orientar as decisões verdadeiramente importantes de sua vida.

É como árvore plantada à beira de águas correntes:
dá fruto no tempo certo, e suas folhas não murcham.
Tudo o que ele faz prospera!

Bíblia Sagrada. Salmos 1:3

SUMÁRIO

INTRODUÇÃO

INVESTIMENTOS DINÂMICOS: RENTABILIDADE COM SEGURANÇA

Este guia pode ensiná-lo a ganhar bem mais e com muita segurança

A primeira ideia de escrever um livro sobre investimentos dinâmicos surgiu na virada de 2009 para 2010, quando a Bolsa de Valores de São Paulo ensaiava retornar aos 73,5 mil pontos, patamar em que se encontrava antes do início da última crise econômico-financeira global (maio/2008). Nesta época, a imprensa estampava títulos quase eufóricos, como: "Bovespa já próxima de superar crise", ou "Investidor da bolsa começa a respirar aliviado".

Nos dias em que concluí a revisão final destas páginas (agosto de 2011), os mercados financeiros enfrentavam o segundo repique da primeira "grande crise" do novo milênio, com momentos "picantes" como o quase calote da dívida pública americana e a deflagração da crise fiscal de certas economias europeias. Nos dias de mercado acionário mais "nervoso", nossa Bovespa chegou a encostar nos 50 mil pontos. Nestes dias, cheguei a ler nos jornais manchetes do tipo: "Bolsas em todo o mundo derretem (sic)", ou "Bovespa perde uma Petrobrás desde o início da crise".

Para ser sincero, nenhum destes dois momentos influenciou uma palavra sequer do conteúdo que decidi lhe revelar nesta obra. Sei que os jornais e revistas precisam atrair leitores para terem boa vendagem, entendo que muitos jornalistas especializados às vezes têm de escrever sobre assuntos que não entendem profundamente, e compreendo que a maior parte dos aplicadores brasileiros ainda é extremamente amadora, o que facilita a construção de mitos fantásticos sobre os mercados financeiros, especialmente o mercado de ações. Mas simplesmente não me comunico com esta alegoria toda, porque acredito que ela acoberta a realidade que pode ser experimentada pelo pequeno/médio investidor.

Em minha experiência de mais de duas décadas como planejador financeiro no Brasil, já vi todo tipo de momento de mercado que você possa imaginar. No tocante a investimentos pessoais, acabei constatando duas coisas simples:

1) a economia é naturalmente cíclica, alternando períodos de prosperidade com épocas de ajuste (também chamadas de *crise*), e

2) as alternâncias provisórias dos mercados financeiros ao longo dos ciclos econômicos não devem preocupar o pequeno/médio investidor de perfil construtor, pois este aplicador poderá realizar investimentos (inclusive em ações!) com *muita segurança e rentabilidade diferenciada em qualquer contexto de mercado*.

Isto é o que quero lhe apresentar neste livro: como realizar *investimentos dinâmicos*, ou seja, como ganhar até seis vezes mais com a segurança da poupança, com crise ou sem crise. Sem fórmulas mágicas ou receitas que apenas experts de mercado conseguem colocar em prática, pois os conhecimentos e técnicas que apresento a seguir podem ser adotados por qualquer investidor leigo que tenha boa vontade e um mínimo de dedicação para com seu dinheiro.

Orientação para investir com rapidez, segurança e simplicidade

Logo após a publicação de meu livro *12 Meses para Enriquecer: o Plano da Virada,*[1] no final de 2010, comecei a receber mensagens de todos os cantos do país com elogios e sugestões, em função da ampla receptividade da obra entre os leitores brasileiros.

Entre os primeiros e-mails havia este, de uma simpática advogada do Rio de Janeiro: "Eu e meu marido devoramos seu livro em uma semana. Mal podemos esperar para começar nossos investimentos mais dinâmicos! Queríamos sentar com o professor na frente do computador para juntos tomarmos as providências necessárias para as aplicações nos títulos do Tesouro Direto e em ações da Bolsa de Valores. Assim, conseguiríamos esclarecer nossas dúvidas e ficaríamos mais seguros. Queremos experimentar novas aplicações, mas temos noção de que com dinheiro não se brinca. Quando o professor vem ao Rio?"

Não podia imaginar que, logo na sequência, eu receberia uma quantidade tão expressiva de mensagens com basicamente a mesma solicitação: fornecer instruções práticas passo a passo (tela a tela) para investir (pela internet) com rapidez, segurança e simplicidade, conseguindo uma rentabilidade diferenciada para suas aplicações.

Você e eu realizando "juntos" suas aplicações dinâmicas pela web

Assim nasceu este guia utilitário, focado em quem deseja orientação objetiva para aplicar seu dinheiro com maior dinamismo (pela web). Você verá que isso pode ser feito com grande *praticidade e rapidez*, com

1. SILVESTRE, Marcos. 12 Meses para Enriquecer: o Plano da Virada. São Paulo: Lua de Papel, 2010.

total *segurança e solidez*, além de obter uma *rentabilidade bastante diferenciada* em relação às aplicações mais convencionais, como a caderneta de poupança, em que a maioria dos investidores brasileiros ainda costuma confiar suas economias.

Imagine que você está agora lado a lado com seu planejador financeiro pessoal, bem em frente à tela do computador. Juntos providenciaremos seus investimentos pela web. Minha proposta é pegá-lo pela mão e levá-lo tela a tela à conclusão de suas aplicações pela internet, mesmo que hoje você ainda não tenha a menor noção de como fazê-lo. Para mim, será um prazer, pois isso é o que tenho feito com centenas de famílias brasileiras nos últimos dez anos. Agora, teremos a satisfação de poder tocar esse processo juntos, você e eu.

Creio que até mesmo aqueles que já têm algum conhecimento sobre como aplicar pela web encontrarão auxílio neste guia para conseguir identificar melhor suas *necessidades* e *possibilidades* como investidores dinâmico da internet, aprimorando, assim, seus critérios de escolha das melhores aplicações para seu dinheiro, além de sentir mais firmeza na realização dos procedimentos corretos para comprar e vender títulos públicos pelo Tesouro Direto e para negociar ações pelo Home Broker da BM&FBovespa.

De maneira bem objetiva: o que significa Tesouro Direto e Home Broker?

Tesouro Direto é um programa de compra e venda de títulos públicos para pessoas físicas implementado pelo Tesouro Nacional do Brasil em 2002. Por intermédio desse canal inovador, pequenos e médios investidores — gente como você e eu — podem comprar e vender **títulos públicos de renda fixa** diretamente do governo, os quais são ativos financeiros conservadores e muito rentáveis.

Até o início da década passada, os pequenos e médios aplicadores simplesmente não tinham acesso aos excelentes títulos da Dívida Pública Brasileira; todavia, desde então já podem negociá-los por valores muito acessíveis (a partir de R$ 200,00 por operação), com segurança e praticidade, diretamente de seu computador, por meio da internet. Além disso, é importante ressaltar que, entre as maiores economias do globo, o governo brasileiro é o único que oferece esse canal privilegiado com tamanha acessibilidade aos aplicadores.

Já o termo **Home Broker** vem da língua inglesa e pode ser livremente traduzido como "corretor (de ações) em sua casa". Trata-se de um sistema de operações do mercado acionário desenvolvido pela BM&FBovespa em 1999 com a finalidade de permitir que pequenos e médios investidores acessem diretamente o pregão eletrônico da bolsa de valores de suas próprias casas, sempre por meio da web.

O Home Broker é disponibilizado a todos os clientes das corretoras de valores que integram o Sistema BM&FBovespa e, além de permitir a compra e a venda de **ações** na Bovespa (empresa que administra o mercado acionário à vista no Brasil) por valores bastante razoáveis (alguns poucos milhares de reais), também disponibiliza outras operações financeiras mais avançadas, embora ainda com quantias modestas e acessíveis, como as **opções e operações em mercados futuros** organizadas na Bolsa de Mercadorias & Futuros (BM&F).

Tesouro Direto e Home Broker são programas de popularização do mercado financeiro desenvolvidos com uma nobre finalidade em comum: oferecer *aplicações mais dinâmicas* ao pequeno e ao médio investidor brasileiro.

São três as principais vantagens do Tesouro Direto e do Home Broker:

- Grande *praticidade e rapidez*: basta aprender o passo a passo.
- Total *segurança e solidez*: perfeitamente compatíveis com a tranquilidade oferecida pela caderneta de poupança, pelos Fundos de Investimento Financeiro (FIFs) conservadores e inclusive pelos Certificados de Depósito Bancário (CDBs) de primeira linha.
- *Rentabilidade significativamente diferenciada* com relação às aplicações convencionais, o que faz uma tremenda diferença nos ganhos acumulados no médio e no longo prazos. Ganhos maiores elevam sua acumulação financeira e aceleram a realização de seus grandes sonhos de consumo.

Como planejador financeiro atuante há mais de duas décadas, pude acompanhar diversos lances sucessivos da grande evolução observada no mercado financeiro brasileiro nos últimos anos. Nesse processo de melhoria e popularização contínua, posso afirmar que o Tesouro Direto e o Home Broker constituem as duas mais importantes inovações para a democratização do acesso dos agentes poupadores e investidores de pequeno e médio porte a investimentos mais dinâmicos.

Para essa categoria de investidores, ter uma oportunidade assim é algo decisivo, porque aplicações mais dinâmicas tratam seu sacrifício poupador com maior dignidade financeira, uma vez que remuneram melhor sem expor suas economias a riscos indevidos, e tudo isso com a acessibilidade e a praticidade da internet. Portanto, aqueles que estão acostumados a usar a web apenas para se entreter e se manter informados, devem considerar seriamente usá-la também para *enriquecer*!

Por que aplicar dinheiro pela internet e não diretamente no banco?

Não discorrerei sobre o enorme impacto que a internet tem causado em termos de popularização do acesso à informação em geral, mas gostaria de lembrar que esse processo, constatado nos últimos anos em tantas diferentes áreas do conhecimento humano, impactou de maneira simplesmente revolucionária o mercado financeiro brasileiro.

Os constantes investimentos do Tesouro Nacional e das corretoras da BMF&Bovespa em tecnologia da informação, aliados à rigorosa fiscalização eletrônica sistêmica do Banco Central do Brasil (BCB) e da Comissão de Valores Mobiliários (CVM), garantem hoje, para as aplicações financeiras realizadas pela web em nosso país, um nível de segurança que é referência em todo o mundo.

Investir dinheiro pela internet no Brasil, para quem ao menos tiver o cuidado de selecionar a aplicação financeira correta (como este livro lhe ensinará), pode ser tão ou mais seguro quanto dar sua ordem de investimento pessoalmente ao gerente do banco. Nunca vi o dinheiro de um investidor desaparecer do nada na web, seja por mero erro de sistema, seja por eventual má-fé de funcionários de corretoras na operação de seus sites de aplicações.

Nos poucos casos em que presenciei algum engano dessa natureza (lembrando que erros podem ocorrer esporadicamente em qualquer sistema), pude observar que ele foi prontamente corrigido. O investidor pode até ter tomado um susto, mas não saiu lesado por isso.

Se aplicar pela web, quem lhe dará informações e boas dicas?

Como correntista de banco, você sabe que tocar a vida financeira pela internet é muito mais prático e barato que ficar visitando as agências bancárias, e isso se aplica especialmente às aplicações financeiras. Alguém tem saudade daquelas enormes filas para realizar um simples depósito na poupança? Hoje bastam alguns cliques para aproveitar oportunidades interessantes de se ganhar bem mais sem perder de vista a segurança.

Você pode até ponderar que, indo a uma agência bancária para investir, terá acesso ao gerente, que fornecerá boas informações pessoalmente. É fato que um bom gerente de banco poderá auxiliá-lo em uma série de aspectos importantes da sua vida financeira. Mas, no tocante a *investimentos*, para ser sincero, prefiro as informações e análises disponibilizadas nos sites das boas corretoras de valores.

Os dados e as orientações dos sites costumam ser mais completos e bem organizados, mais neutros e confiáveis que os disponibilizados nas agências bancárias. Além disso, você também pode consultar essas informações sete dias por semana, 24 horas por dia, acessando o conteúdo quantas vezes quiser, sem vergonha de ficar "perguntando" sobre o mesmo assunto quantas vezes achar necessário.

Aliás, isso também vale para o atendimento on-line e por telefone das corretoras, que costuma ser de ótima qualidade e quase sempre resolve o problema do investidor no primeiro contato. Para esclarecer dúvidas conceituais e operacionais sobre suas aplicações, existem ainda os chats ao vivo e as palestras virtuais, que cobrem os mais variados aspectos do mercado financeiro. Enfim, informação rica, variada, disponível de maneira aberta e gratuita para aqueles que abrirem sua conta em uma boa corretora.

Promova a virada: das aplicações convencionais às aplicações mais dinâmicas!

Se você está lendo este livro é porque, nos últimos tempos, vem perdendo interesse pelas aplicações convencionais como a caderneta de poupança, os FIFs conservadores do tipo FIFs DI (Depósitos Interbancários) e Renda Fixa, ou os Certificados de Depósito Bancário. Provavelmente você já ouviu falar a respeito de alternativas bem mais dinâmicas, como os **títulos da Dívida Pública Brasileira** comprados e vendidos por intermédio do Tesouro Direto ou, então, as **ações de boas empresas brasileiras** negociadas pelo sistema Home Broker da BM&FBovespa. No momento, você está com vontade de experimentar novas opções de aplicações para suas economias, mas com segurança.

Mas por que você deveria abandonar opções tão tradicionais e familiares e tentar alternativas ainda desconhecidas do grande público? Compensa trocar o certo pelo duvidoso? Só se for para *ganhar mais*, certo? Mas aí paira o medo de se aventurar em algo inovador, entrar na contramão da segurança e acabar perdendo dinheiro, em vez de conseguir lucrar mais, como era seu propósito original.

Já imaginou o que seu marido ou parceiro dirá diante de seu fracasso nos investimentos? Já pensou nas críticas de sua mulher ou namorada para essa "jogada furada" que você tentou emplacar? E a lição de moral que receberá de seus pais ou amigos por ter ousado e se dado mal? Se errar o alvo na busca por melhores aplicações financeiras, poderá ser acusado de ganância ou de incompetência.

Antes que a paralisia tome conta de seu ímpeto investidor e o impeça de aproveitar oportunidades dinâmicas para rentabilizar melhor seu dinheiro, vamos abandonar o campo das especulações, dos preconceitos e dos medos, para adentrar no campo do conhecimento e da boa informação sobre as excelentes aplicações inovadoras disponíveis no mercado financeiro brasileiro pela web.

Iremos agora conhecer em detalhes como essas aplicações funcionam e como inseri-las em sua vida financeira sem o menor erro, pondo mais dinheiro no seu bolso com muita segurança e praticidade.

CAPÍTULO 1

RENTABILIDADE LÍQUIDA REAL ACUMULADA: AÍ ESTÁ A DIFERENÇA!

Descubra o quanto se pode ganhar a mais *com aplicações dinâmicas*

Vamos agora apurar na ponta do lápis o quanto se pode obter de rentabilidade diferencial aplicando nos títulos do Tesouro Direto ou nas ações via Home Broker, para que o investidor possa enxergar com clareza que, além de muito simples, é altamente compensador buscar por este diferencial.

Para uma plena compreensão da força multiplicadora dos ganhos obtidos com aplicações mais dinâmicas, será necessário aposentar o conceito trivial de *rentabilidade*, aquele normalmente usado pelos investidores amadores. Quero agora que você compreenda e passe a utilizar o conceito de *rentabilidade líquida*, *real* e *acumulada*. Essa é a rentabilidade que deve verdadeiramente lhe interessar como investidor dinâmico; esse é o número que você deverá perseguir em suas aplicações (sem abrir mão da segurança!), conforme poderá constatar a seguir.

Rentabilidade *bruta nominal mensal*: o engano do aplicador amador

Como todos sabem, *rentabilidade* é quanto a aplicação paga para quem "apostar" nela seu dinheiro. O conceito de rentabilidade que se costuma divulgar por aí é o da *rentabilidade bruta nominal mensal*. Você abre o jornal e lê que a caderneta de poupança com vencimento para aquele dia pagará 0,61%, e esse mesmo jornal também mostra que os FIFs referenciados DI pagaram 0,81% no mês passado.

Essa é a tradição na divulgação das informações do mercado financeiro na grande mídia, mas, do ponto de vista do verdadeiro crescimento do dinheiro investido, esse conceito de rentabilidade bruta nominal mensal é muito incompleto e acaba induzindo o investidor a graves erros de estratégia. Com base nesse critério, é apresentada a seguir a Tabela 1.1, que mostra o que se pode esperar das aplicações financeiras brasileiras atualmente (supondo taxa Selic na faixa de 12,5% ao ano):

Comparando as diferentes aplicações somente pelo critério da rentabilidade bruta nominal mensal, o aplicador chegará a conclusões equivocadas, que o levarão a traçar uma estratégia investidora distorcida e mal sucedida quanto ao rápido crescimento de suas economias:

- Os fundos conservadores e CDBs para pequenas quantias pagam consideravelmente melhor que a "velha" poupança: errado!
- Títulos públicos e ações pagam pouquíssimo a mais que a poupança, já que a diferença não chega sequer a 1%: errado! (Essa conclusão estaria baseada na conta: 1,30% das ações – 0,60% da poupança = 0,70% de rentabilidade diferencial.)
- Para o pequeno ou médio investidor, as aplicações pagam mais ou menos a mesma coisa, com diferença muito discreta entre uma

TABELA 1.1 – APLICAÇÕES FINANCEIRAS BRASILEIRAS ATUAIS* – Rentabilidade *bruta nominal mensal*

APLICAÇÕES CONVENCIONAIS	
Caderneta de poupança	0,60%
Certificados de Depósitos bancários (CDBs) (bancos de primeira linha, pequenas quantias, pagando 75% do CDI)	0,75%
FIFs DI e Renda Fixa conservadores (fundos de investimento financeiro de varejo, conservadores)	0,80%
APLICAÇÕES DINÂMICAS	
Títulos públicos (média dos diferentes títulos disponíveis no Tesouro Direto)	1%
Ações (rentabilidade média no longo prazo das 60 ações de maior liquidez na Bovespa – últimos dez anos findos em 2010)	1,30%

(*) Supondo taxa Selic na faixa de 12,5% ao ano.

e outra. Então, talvez seja melhor ficar com a segurança daquilo que se conhece, como caderneta de poupança, FIFs conservadores e CDBs de grandes bancos: errado!

- A impressão é que todas as aplicações pagam muito pouco. Então, na realidade, nem compensa investir; é melhor gastar todo o dinheiro hoje mesmo e ser feliz: erradíssimo! (Não a parte do "ser feliz", é lógico...)

Rentabilidade <u>*bruta*</u> versus rentabilidade <u>*líquida*</u>: aqui a visão já melhora

Aqui deve entrar em ação a diferença entre *rentabilidade <u>bruta</u>* e *rentabilidade <u>líquida</u>*. Todavia, sobre os ganhos brutos com suas aplicações financeiras incide a cobrança de imposto de renda, e algumas aplicações envolvem ainda o pagamento de taxas, que também devem ser abatidas do ganho bruto. Ou seja, aquilo que o aplicador ganha em termos brutos não é o que fica no bolso no final das contas, mas sim menos, conforme o conceito de *rentabilidade líquida nominal mensal*. Por esse critério, veja na Tabela 1.2 como ficam as aplicações financeiras brasileiras hoje em dia:

TABELA 1.2 – APLICAÇÕES FINANCEIRAS BRASILEIRAS ATUAIS – Rentabilidade *líquida nominal mensal*

APLICAÇÕES CONVENCIONAIS	
Caderneta de poupança (por lei, a poupança é isenta de IR)	0,60%
CDBs (desconto de IR de 15% sobre os ganhos brutos para aplicações com prazo de investimento superior a dois anos)	0,64%
FIFs DI e Renda Fixa conservadores (desconto de IR de 15% sobre os ganhos brutos em dois anos, além de uma taxa de administração de 2,5% ao ano sobre o patrimônio total aplicado)	0,50%
APLICAÇÕES DINÂMICAS	
Títulos públicos (desconto de IR de 15% sobre os ganhos, além de taxas que somam cerca de 0,60% sobre o patrimônio total aplicado)	0,80%
Ações (desconto de IR de 15% sobre os ganhos, além de taxas de negociação de aproximadamente 1% sobre o valor aplicado)	1,10%

Esse critério já deixa claro que CDBs de primeira linha praticamente empatam com a poupança em termos de rentabilidade líquida, ao passo que os FIFs conservadores perdem feio da "velha" caderneta!

Como você vê, sua visibilidade já foi ampliada com esse critério mais detalhado. Ainda assim, comparando as diferentes aplicações somente por sua rentabilidade líquida nominal mensal, você poderia continuar com algumas ideias ainda distorcidas sobre o crescimento de suas economias:

- Títulos públicos e ações pagam muito pouco a mais que a poupança, menos do que se poderia esperar de aplicações dinâmicas, já que a diferença é de míseros 0,50% na melhor das hipóteses: errado! (Essa conclusão estaria baseada na conta: 1,10% das ações – 0,60% da poupança = 0,50% de rentabilidade diferencial.)
- Para o pequeno ou médio investidor, as aplicações pagam mais ou menos a mesma coisa, ainda mais se considerarmos o valor líquido. Então, é melhor ficar no mais convencional: errado!
- Como todas as aplicações pagam muito pouco, simplesmente não vale a pena investir no mercado financeiro brasileiro a menos que você tenha acesso a algum "segredo de mercado" ou alguém lhe dê alguma "dica quente" do mercado: erradíssimo!

Antes que esses erros o impeçam de ganhar mais dinheiro de maneira certeira e segura, vamos melhorar o conceito de rentabilidade que realmente lhe interessa.

Rentabilidade *nominal* versus rentabilidade *real*: vamos ao que interessa

Para aprimorar sua visão como investidor de sucesso, é necessário agora introduzirmos o conceito da *rentabilidade líquida real* (em oposição à *rentabilidade líquida nominal*). Como você sabe, existe em nosso país uma "praga financeira" conhecida por *inflação*, que teima em desgastar o poder de compra do capital investido enquanto o investidor realiza suas aplicações diligentemente, mês após mês.

Para reconhecer esse fenômeno em seus investimentos e poder se proteger adequadamente, é necessário descontar a inflação da rentabilidade nominal, a fim de se depurar na ponta do lápis apenas o que é ganho *real*, ou seja, o verdadeiro acréscimo em seu capital após a devida recomposição da inflação. O que restar (rentabilidade líquida real) será o que de fato entrará no seu bolso em termos de aumento de poder aquisitivo do dinheiro aplicado.

Hoje temos na economia brasileira uma inflação que fica próxima de 0,50% ao mês, ou pouco mais de 6% acumulados ao ano. Considerando essa taxa, veja na Tabela 1.3 como ficam as aplicações financeiras brasileiras pelo critério da *rentabilidade líquida real mensal*:

TABELA 1.3 – APLICAÇÕES FINANCEIRAS BRASILEIRAS ATUAIS – Rentabilidade líquida *real* mensal

APLICAÇÕES CONVENCIONAIS	
Caderneta de poupança	0,60% – 0,50% = 0,10% ao mês
CDBs	0,64% – 0,50% = 0,14% ao mês
FIFs DI e RF conservadores	0,50% – 0,50% = 0% ao mês!
APLICAÇÕES DINÂMICAS	
Títulos públicos	0,80% – 0,50% = 0,30% ao mês
Ações	1,10% – 0,50% = 0,60% ao mês

Esse novo critério amplia ainda mais a boa visibilidade financeira e já permite fazer dois importantes esclarecimentos que antes não se conseguia enxergar:

- Há determinadas aplicações convencionais, como grande parte dos FIFs conservadores de varejo, com elevada taxa de administração, que simplesmente não colocam qualquer dinheiro novo no seu bolso, apenas repõem a inflação. Você pode até considerar que são aplicações *protetoras*, mas infelizmente não são *construtoras*, porque não fazem seu dinheiro crescer.
- Os títulos públicos pagam, na realidade (em termos de rentabilidade líquida *real*), nada menos que o *triplo* da poupança (0,30% contra 0,10%), ao passo que boas ações podem pagar o *sêxtuplo* do que paga a caderneta (0,60% contra 0,10%). Que tal embolsar diferenciais dessa magnitude?

Os números apurados na rentabilidade líquida *real* deixam claro que as aplicações mais dinâmicas, como os títulos do Tesouro Direto e as ações via Home Broker, pagam não só *um pouquinho a mais* que as aplicações convencionais, mas sim *algumas vezes mais*. Com seu surpreendente dinamismo, essas aplicações poderão fazer uma *enorme* diferença positiva na capitalização dos seus investimentos, colocando *muito mais dinheiro* no seu bolso sem expô-lo a riscos desnecessários.

Mas a inflação pode fugir do controle e engolir a rentabilidade real?

Muito se tem discutido ultimamente sobre o "assanhamento" da inflação brasileira. A inflação média registrada pelo IPCA (índice de inflação oficial) nos últimos cinco anos (2006 a 2010) foi de 0,42% ao mês (pouco acima de 5% ao ano). De uns tempos para cá, ela parece ter se deslocado para cima, ficando por volta de 0,50% ao mês (pouco mais que 6% ao ano).

Na realidade, a média do Índice de Gestão de Preços do Mercado (IGP-M) dos últimos cinco anos já mostrava 0,52% de inflação mensal. E se puxarmos o histórico do Índice de Preços ao Consumidor Amplo (IPCA) para um prazo mais longo, de dez anos (2001 a 2010), obteremos a média mensal de 0,54%. Cavando mais fundo na história recente de estabilização da inflação brasileira, considerando, por exemplo, os últimos 15 anos de IPCA, encontraremos a média de 0,51% ao mês.

Podemos então concluir que nossa inflação está hoje próxima de seu patamar histórico desde que foi introduzida no país a estabilização monetária (salutar período da moeda Real, que se sucedeu ao nefasto período anterior de hiperinflação descontrolada). Pondero ainda que o nível de 0,50% ao mês não é exatamente um mau resultado, se levarmos em consideração que a economia brasileira está crescendo aceleradamente e que a demanda interna está bastante aquecida. A história nos mostra que cenários de avanço econômico sempre propiciam espaço para algum movimento temporário de alta especulativa dos preços em geral.

Confio que o governo brasileiro não permitirá que a inflação acelere para além desse patamar de 0,50% ao mês, pois, além de economicamente contraindicado, politicamente seria muito ruim, e nossos governantes sabem disso. Além do mais, a equipe econômica do governo dispõe de ferramentas de gestão adequadas para esse fim e já deu mostras de que as tem utilizado.

Chego a pensar que, com a inserção definitiva de nosso país entre as mais pujantes e desenvolvidas economias do globo, é viável trazer a inflação a longo prazo para um patamar ainda mais baixo, algo próximo de 0,40% ao mês (aproximadamente 5% ao ano), ou, quem sabe, até menos que isso. Em minha visão econômica, no longo prazo o viés da inflação brasileira é de *baixa*, não de alta, e muito menos de descontrole.

Se a inflação acelerar, as aplicações dinâmicas irão acompanhar

Como ninguém tem bola de cristal, não está descartada a aceleração da inflação nos próximos meses e anos. Nessa hipótese, vale lembrar que nossa tradição de política monetária para combater movimentos de disparada na inflação é promover a elevação dos juros básicos, a chamada taxa Selic, que é um índice pelo qual as taxas de juros cobradas pelo mercado se balizam no Brasil — daí serem também chamados de juros básicos, já que todas as demais taxas de juros da praça nascem a partir dessa. A meta para a taxa Selic é estabelecida pelo Comitê de Política Monetária (Copom) em reuniões mensais, sempre realizadas às quartas-feiras.

Essa taxa corresponde aos juros pagos nas Letras Financeiras do Tesouro (LFTs), justamente um dos três tipos de títulos da Dívida Pública Brasileira que podem ser adquiridos por meio do Tesouro Direto. Há também outro título, a Nota do Tesouro Nacional Série B (NTNB), que traz como indexador o próprio IPCA, oferecendo ao aplicador 100% de cobertura da inflação (além de colocar no seu bolso uma rentabilidade líquida real superior a 4% ao ano). Portanto, inflação em ascensão é sinônimo inescapável de Tesouro Direto pagando proporcionalmente mais (com exceção dos títulos

Letras do Tesouro Nacional (LTN) e Notas do Tesouro Nacional Série F (NTNF), mas isso você aprenderá em detalhes mais adiante).

Quanto ao efeito da inflação sobre a dinâmica de valorização das ações no longo prazo, não há com o que se preocupar, pois, historicamente, a alta das ações costuma embutir a inflação observada no período, seja ela qual for. Sobre o acumulado da inflação, a bolsa costuma acrescentar com tranquilidade os ganhos líquidos que mencionei há pouco (cerca de 0,60% ao mês).

Essa dinâmica já está sacramentada há algumas décadas e não foi diferente na última, quando surgiu o sistema Home Broker. Talvez a lucratividade de uma ou outra empresa negociada na bolsa possa vir a ser prejudicada no início de um eventual processo de aceleração da inflação, assim como outras companhias poderão ser beneficiadas. Mas, a longo prazo, todas elas ajustarão sua gestão para lidar com uma inflação "assanhada", se necessário. Portanto, uma ocasional disparada da inflação provavelmente não prejudicará os ganhos líquidos reais de suas (boas) aplicações na bolsa de valores.

Penso que a inflação brasileira não está fora de controle hoje, e muito provavelmente também não estará descontrolada no futuro projetável. Mas, mesmo que tenhamos uma aceleração expressiva na alta dos preços em geral, ela provavelmente não prejudicará a rentabilidade líquida real dos títulos do Tesouro Direto e das ações negociadas via Home Broker.

Em suma, a inflação pode ser uma ameaça séria para investimentos convencionais (como a poupança), mas não afeta a essência do dinamismo dos investimentos dinâmicos, como aqueles feitos via Tesouro Direto e Home Broker.

Qualquer aplicação parece pagar muito pouco? Troque a lente!

Depois de todas essas contas que lhe apresentei, e apesar dos esclarecimentos importantes que elas nos possibilitaram fazer, talvez você esteja agora no auge de sua desmotivação com relação às aplicações financeiras brasileiras. Se esse é o caso, para ser sincero, isso não me surpreende.

Afinal, observando os números dos ganhos líquidos reais, para você *todas* as aplicações parecem pagar valores tão incrivelmente pequenos... Puxa, nem as ações, que supostamente estariam na ponta mais dinâmica, remuneram sequer 1% ao mês! Na realidade, como você viu, elas provavelmente lhe darão bem menos que isso, apenas 0,60% líquidos reais ao mês! Ah, que mundo é esse? O jeito é esquecer essa história de investir e simplesmente gastar tudo, sem medo de ser feliz!

Muita calma. Não cometa suicídio financeiro por pura precipitação, pois o mundo dos investimentos não está virado de cabeça para baixo; tampouco pense mal das aplicações financeiras no Brasil, um dos países do globo que melhor remunera o pequeno e o médio investidor. Seu eventual desânimo com as aplicações é consequência de um provável equívoco de leitura.

Onde está o erro de interpretação? Talvez debaixo de seu próprio nariz, em uma distorcida *visão de curtíssimo prazo*: jamais se deve analisar as aplicações financeiras somente por sua *rentabilidade* *mensal*, mas sim por sua *rentabilidade* *acumulada* ao longo dos meses e dos anos. Isso faz uma diferença quase inacreditável, porém muito concreta quando calculada na ponta do lápis. Veja só.

Rentabilidade *mensal* versus rentabilidade *acumulada*: a notável RLRA

Agora você está finalmente apto a absorver o conceito completo de rentabilidade que realmente interessa ao investidor dinâmico: a *rentabilidade líquida real acumulada* (RLRA).

Se aplicar hoje R$ 10 mil com a rentabilidade líquida real mensal de 0,10%* da **caderneta de poupança**, terá daqui a cinco anos R$ 10.618,00 em valores de hoje, mas devidamente corrigidos pela inflação acumulada nesse período de 60 meses, para preservar o poder de compra do dinheiro, tanto do capital inicial aplicado quanto dos juros ganhos.

Essa aplicação convencional resultará, portanto, em um ganho líquido real acumulado em cinco anos de R$ 618,00, ou 6,18%. Concordo: não é lá muita coisa, mas vale lembrar que esse acréscimo seria feito sem esforço algum, apenas contando com o tradicionalismo e a notória segurança da poupança. É assim mesmo: quem não está disposto a deixar o trivial tem de se contentar com o pouco dinamismo que ele tem a oferecer, mas esse já não é o seu caso.

Os mesmos R$ 10 mil aplicados em **títulos do Tesouro Direto** com rentabilidade líquida real mensal (RLRM) de 0,30% resultariam em R$ 11.969,00. Assim, apuramos que a RLRA no período seria de R$ 1.969,00, ou 19,69%. Isso equivale a 320% o que teria pago a caderneta nos mesmos 60 meses, com exatamente a mesma segurança (talvez até maior) para o lado dos títulos e praticamente a mesma liquidez. Quer ganhar R$ 1,00 ou R$ 3,20 em diferentes aplicações com idênticas condições?

Contudo, se os R$ 10 mil fossem empatados em **ações de boas empresas brasileiras via Home Broker**, com RLRM projetada de 0,60%, provavelmente chegariam a R$ 14.318,00. Como se trata de uma aplicação de renda variável, esse número é uma *projeção*, mas com grande probabilidade de ocorrência.

Daí apuramos que a RLRA nesses cinco anos em ações seria de R$ 4.318,00, ou 43,18%, o que equivale a praticamente 700% do ganho líquido real do que pagou a poupança, com a mesma segurança (sim, isso é possível) e com liquidez compatível, na prática. Interessa-lhe ganhar R$ 1,00 ou R$ 7,00 em condições muito compatíveis? Você é quem sabe do dinamismo com que deseja trabalhar seu dinheiro.

É no longo prazo que a rentabilidade acumulada revela sua força

Quando colocamos na ponta do lápis o retorno que podemos obter de diferentes aplicações financeiras em termos de RLRA, enxergamos claramente que investimentos mais dinâmicos têm um *tremendo potencial acumulador* e podem colocar *muito mais dinheiro* no seu bolso do que as aplicações convencionais. Para que isso se torne realidade em sua carreira de investidor, será necessário dar tempo ao tempo, pois é no longo prazo que a rentabilidade se acumula em progressão geométrica e mostra sua plena força construtora.

Vamos imaginar o caso de um investidor que trace a meta de formar uma reserva financeira para sua *aposentadoria*. Partindo de um bom planejamento financeiro, ele se dispõe a aplicar R$ 1 mil por mês durante 360 meses, ou 30 anos, direcionando essa mensalidade para a **poupança**, com sua RLRM conhecida de 0,10%. Qual será o custo envolvido em comparação com o benefício colhido?

Tal aplicador teria empatado nesse seu plano de investimentoss o total de R$ 360 mil:

R$ 1 mil mensais × 360 meses = R$ 360 mil (total aplicado)

No entanto, em função dos juros ganhos cumulativamente na aplicação, o investidor teria acumulado na poupança no final dos 30 anos a bolada de R$ 433 mil em valores de hoje, mas então devidamente corrigidos para valores da época. Assim, a RLRA nessa aplicação convencional teria sido de R$ 73 mil:

R$ 433 mil (acumulado) – R$ 360 mil (aplicado)
=
R$ 73 mil (RLRA) ou 20% acumulados no período

Não exatamente ruim, mas poderia ser melhor, *muito* melhor. O mesmo esforço poupador e investidor mensal direcionado para uma aplicação mais dinâmica, como os **títulos do Tesouro Direto**, com RLRM de 0,30%, resultaria em R$ 647 mil, com uma RLRA de R$ 287 mil:

R$ 647 mil (acumulado) – R$ 360 mil (aplicado)
=
R$ 287 mil (RLRA) ou 80% acumulados no período

Nesse caso, o ganho líquido real acumulado teria sido o equivalente a *quatro vezes* o que se conseguiria obter na poupança! Que tal lhe parece essa diferença? Mas e se o esforço fosse canalizado para **ações de boas empresas brasileiras**, projetando uma RLRM de 0,60%? Nesse caso, o valor acumulado e corrigido seria o equivalente a R$ 1,270 milhão, com RLRA correspondente a nada menos que R$ 910 mil:

R$ 1,270 milhão (acumulado) – R$ 360 mil (aplicado)

=

R$ 910 mil (RLRA) ou 253% acumulados no período!

Sim, a conta está correta: isso dá quase *13 vezes* o que teria pagado a caderneta em período idêntico! Sem correr riscos desnecessários, sem travar sua liquidez, aplicando só em ações de primeiríssima linha, de grandes e lucrativas empresas brasileiras, as campeoníssimas de liquidez da Bovespa. Não lhe parece sedutor?

Rentabilidade líquida real acumulada *diferenciada*: vá de TD e HB!

Os números falam por si só, e eles não mentem. Justamente por seu enorme diferencial de *rentabilidade líquida real acumulada é* que os títulos federais negociados via Tesouro Direto, ou então as ações negociadas via Home Broker, farão seu dinheiro render *enormemente mais* no médio e no longo prazos, tornando muito compensadora a troca de seus investimentos convencionais por essas aplicações mais dinâmicas.

Resta saber se essas aplicações oferecem *segurança e solidez* e se podem ser realizadas com *praticidade e rapidez*. Desde já eu lhe garanto que sim, mas quero comprovar isso em detalhes.

CAPÍTULO 2

O INVESTIDOR CONSTRUTOR, SEUS SONHOS E SUAS APLICAÇÕES

Saiba garimpar as aplicações que melhor se encaixam ao seu perfil

Para aplicar com segurança no Tesouro Direto ou via Home Broker, inclusive para aprender a escolher de maneira bem prática entre um canal e outro, é preciso que você entenda alguns conceitos fundamentais da dinâmica dos investimentos no mercado financeiro brasileiro e como o investidor construtor pode se beneficiar dela para concretizar seus sonhos. A seguir, apresentarei um conjunto compacto de ensinamentos práticos sobre a dinâmica das aplicações financeiras no Brasil. Fruto do aprendizado que acumulei e depurei no decorrer de meus longos anos como planejador financeiro pessoal neste nosso país, esse *know-how* integra minha metodologia PROF® (Programa de Reeducação e Orientação Financeira).

O que apresentarei a seguir são "segredos" aos quais, até bem pouco tempo, somente meus clientes particulares (e alguns de meus alunos) tinham acesso. Exporei conceitos até que simples, mas um tanto inusitados, que ajudarão você a colocar maior rentabilidade no bolso sem correr riscos desnecessários. E o melhor: essas orientações atemporais poderão ser seguidas e usufruídas ao longo de toda a sua carreira como investidor dinâmico. Então, creio que vale a pena dedicar um pouco de tempo e energia para assimilar mais esse tanto de sabedoria financeira. Afinal, o *conhecimento* é a chave do *enriquecimento*!

Qualidades fundamentais que definem toda aplicação financeira

Qualquer alternativa de aplicação disponível no mercado financeiro sempre apresenta um conjunto de características essenciais que, na prática, definirão quão boa cada uma dessas alternativas pode ser para suas economias. Essas qualidades essenciais de qualquer aplicação financeira são: *rentabilidade*, *segurança*, *liquidez* e *prazo de maturação*.

Sei que esses termos — principalmente os três primeiros — não são novos para você — parece até conversa antiga de propaganda de banco —, mas preciso que você repense a maneira distorcida como o mercado tradicionalmente dissemina esses conceitos, pois algumas ideias vigentes podem acabar induzindo a erro, perda e frustração ao tentar planejar e implementar suas estratégias de aplicações financeiras. Aqui vão definições bem práticas para cada uma dessas qualidades:

Rentabilidade: o quanto você ganha sobre o que aplica. O que interessa, como já vimos, é a rentabilidade líquida real acumulada (RLRA), e não a rentabilidade bruta nominal mensal. Se esse ensinamento ainda não estiver consolidado em sua mente, volte ao capítulo anterior.

Segurança: a probabilidade de chegar a perder uma parte ou todo o capital que havia empatado em uma determinada aplicação. Mas também a probabilidade de ganhar de fato aquilo que você projetava ganhar quando escolheu essa aplicação. Ou seja: a segurança existe com relação ao capital inicial, mas também com relação aos juros sobre juros que se espera ganhar.

Liquidez: a velocidade com que conseguirá resgatar (liquidar) o capital alocado em certa aplicação, chamando seu dinheiro novamente para bem perto do verdadeiro dono (você!).

Prazo de maturação: quantos meses/anos se deve aguardar para que uma aplicação amadureça plenamente suas qualidades de *rentabilidade* e *segurança* sem comprometer sua *liquidez*.

O pequeno ou o médio investidor não deve (não pode!) abrir mão de segurança e liquidez elevadas, mas tem todo o direito de querer uma *rentabilidade diferenciada* em suas aplicações financeiras. Isso será possível sempre que, de acordo com seu planejamento financeiro, o aplicador puder conceder no quesito *prazo de maturação* da aplicação.

Prazo de maturação: pouco falado, mas fator crítico em sua seleção

Cada aplicação financeira dinâmica demandará, conforme sua respectiva modalidade, um prazo de maturação correto para poder apresentar a rentabilidade verdadeiramente diferenciada que você deseja. Com as aplicações dinâmicas ocorre um processo similar ao dos vinhos nobres, um salutar amadurecimento (e valorização!) com o tempo. Mas cada vinho tem seu prazo correto de maturação, estando pronto para ser saboreado no ápice de suas qualidades somente na época correta determinada pelos especialistas — nem antes, nem depois. Portanto, seu desafio será adquirir o vinho que deverá estar maduro naquele prazo exato em que você desejará/precisará apreciá-lo, por exemplo, naquele importantíssimo jantar comemorativo.

Talento similar deve ter o investidor dinâmico: para cada grande sonho traçado em sua vida financeira, deverá saber escolher a aplicação dinâmica com prazo de maturação mais adequado. Essa é a grande arte da seleção das melhores aplicações disponíveis no mercado financeiro. No caso dos títulos do Tesouro Direto, respeitar o prazo correto de maturação lhe garantirá maior *rentabilidade líquida real*, pois suas economias conseguirão se beneficiar — no devido tempo — da tabela regressiva do imposto de renda que incide sobre praticamente todas as aplicações financeiras de renda fixa (como os próprios títulos públicos).

No caso das ações negociadas via Home Broker, saber respeitar o prazo de maturação necessário resultará em maior *rentabilidade acumulada*, pois as ações compradas conseguirão se valorizar adequadamente no mercado com o passar do tempo correto, o que evitará perdas desnecessárias e aumentará as chances de ganhos verdadeiramente diferenciados. Nas próximas páginas, você aprenderá a identificar o prazo de maturação correto de cada aplicação dinâmica e verá como usá-lo para escolher as opções que melhor se encaixem em seus interesses como investidor dinâmico.

A aplicação dos sonhos de todos nós... e seu similar na vida real

Todo investidor, especialmente o que tem pouca experiência de mercado, sonha com aquela aplicação que combinaria as seguintes características: a maior *rentabilidade* que se possa imaginar, com total *segurança*, imediata *liquidez* e *prazo de maturação* instantâneo, estando pronta para ser resgatada já madurinha logo no dia seguinte! O único problema é que essa aplicação, assim perfeita, sem o comprometimento de quaisquer de suas qualidades fundamentais, simplesmente não existe na vida financeira real, da mesma maneira que não existe um automóvel que seja espaçoso feito um micro-ônibus, barato como uma bicicleta, rápido como um carro de F1 e tão econômico quanto um 1.0.

Ao escolher um novo automóvel, buscamos sempre conciliar a melhor relação entre preço, beleza, velocidade e economia no consumo.

No fundo, sabemos que essas características competem umas com as outras e temos perfeita noção de que não conseguiremos o melhor absoluto de todos os aspectos em um único modelo. Então, o "segredo" da grande arte da seleção estará em encontrar *o melhor conjunto* que se ajuste a suas necessidades e possibilidades.

A melhor aplicação só poderá ser encontrada conhecendo seu perfil

O melhor para quem? Para se chegar aonde? Quer um esportivo para chegar mais rápido, um *off-road* para encarar lama e buracos, ou uma minivan para caber toda a família? Há excelentes conjuntos em quaisquer dessas categorias de automóveis, assim como também existem modelos com relação custo-benefício desfavorável.

Investir sempre envolverá um custo; então, você deverá buscar a aplicação que lhe traga o melhor conjunto de benefícios *para o seu caso*. Tentar garimpar o que de melhor é oferecido no mercado financeiro só será viável se partir do conhecimento pleno de suas *necessidades* e de suas *possibilidades* como investidor, portanto, não se precipite pegando a primeira "boa" aplicação que aparecer pela frente. Pelo contrário, invista tempo na largada para fazer uma seleção e um "casamento" cuidadoso, e não terá do que se arrepender depois.

Mesmo que você já esteja decidido pelas aplicações em títulos públicos e ações de boas empresas brasileiras, o desafio da seleção da melhor aplicação financeira permanece. Primeiramente, você terá de escolher entre essas duas vias a que melhor se encaixa nos seus interesses. Depois, dentro de cada canal, terá de selecionar os ativos financeiros (quais títulos ou ações) que mais lhe interessam *no detalhe*, porque, em finanças pessoais, vale a seguinte regra: pequenos detalhes fazem uma grande diferença *no final das contas*.

Suas necessidades *versus* suas possibilidades: seu real perfil de aplicador

Todo investidor do mercado financeiro traz consigo um conjunto de *necessidades e possibilidades pessoais* que, na prática, guiarão a escolha das melhores aplicações financeiras, conforme o prazo de maturação correto para cada uma, e o que define o investidor é sua *meta de acumulação*, seu *prazo de realização*, sua *capacidade de poupança mensal* e sua *disponibilidade* para se dedicar à atividade investidora.

Talvez você não tenha ouvido muita coisa sobre esses conceitos. Costuma haver um lamentável viés de raciocínio no mercado financeiro, que puxa a discussão (de quais sejam os melhores investimentos) mais para o lado das aplicações em si. Mas esse é apenas um dos lados da moeda, o lado da *oferta financeira*, mas e o lado do aplicador propriamente dito, a *demanda financeira*, aquilo que os clientes investidores *precisam* e *podem* acessar na hora de aplicar suas economias?

Sei que você já deve ter lido ou ouvido falar sobre a importância de identificar seu *perfil de investidor*, mas esse tipo de discussão costuma errar o foco, dando importância exagerada a um aspecto que pode até ser relevante, mas que não deve ser imperativo no seu posicionamento como aplicador: o receio da perda.

Sua propensão psicológica ao risco é importante, mas não decisiva

Ninguém em sã consciência gosta sequer de pensar em perder dinheiro. Enquanto alguns investidores talvez consigam encarar essa ideia com menor espanto, a maioria de nós tem total resistência à perda. Então, no quesito *segurança em suas aplicações*, o perfil psicológico do pequeno ou médio investidor costuma ser, grosso modo, o *conservador*, com variações muito discretas de indivíduo para indivíduo. Isso não sinaliza um *medo coletivo irracional*, mas puro *bom senso financeiro*, afinal, dinheiro do salário ou do negócio próprio é dinheiro suado, difícil de ganhar, e não deve ser exposto ao risco por mero descuido. Queremos todos rentabilizar bem, mas sem abrir mão de um nível elevado de segurança em nossos investimentos. Isso é normal.

No tocante à *propensão psicológica ao risco*, há um salutar nivelamento dos pequenos e médios aplicadores em torno do *conservadorismo*. Essa padronização é salutar, mas nos impede de utilizar tal critério como definidor de quais são as aplicações mais indicadas para cada investidor. Precisamos, então, de outros critérios práticos que indiquem corretamente o perfil do investidor e permitam a ele "garimpar" com segurança no mercado financeiro.

Encontre o perfil que realmente ajuda a orientar suas aplicações

Conhecer a si mesmo como aplicador é fundamental para obter sucesso e realização em suas estratégias de aplicações financeiras, nisso estamos de acordo. A seguir, para facilitar o delineamento de seu verdadeiro perfil de investidor, apresento definições objetivas das *principais necessidades e possibilidades* de todo aplicador financeiro, critérios com base nos quais poderá (aí, sim!) garimpar aplicações com rentabilidade diferenciada e segurança elevada.

Necessidades do aplicador

Podemos destacar como necessidades do aplicador a *meta de acumulação*, que é o valor que ele precisa acumular para realizar determinado sonho de compra e consumo, aquele sonho que o motivará a poupar e aplicar todos os meses durante um prazo, e o *prazo de realização*, a quantidade de meses ou anos entre o ponto de partida e aquele momento futuro no qual pretende realizar seu sonho. Em outras palavras, o tempo que levará para conseguir bater sua meta de acumulação.

Possibilidades do aplicador

Entre as possibilidades do aplicador, estão a **capacidade de poupança mensal**, que é o valor que consegue economizar todos os meses para direcionar a certa aplicação, com o objetivo de acumular dinheiro, ganhar juros sobre juros e bater sua meta de acumulação, e a **disponibilidade pessoal para se dedicar à atividade investidora**, que é o nível de interesse por gerenciar ativamente sua estratégia investidora, e a quantidade de tempo disponível para focar nessa atividade (realisticamente falando).

Meta de acumulação: quanto custa o sonho que deseja concretizar?

Não se deve aplicar dinheiro simplesmente por aplicar, apenas porque está "sobrando" no bolso, até porque dinheiro ocioso nunca chega a existir em quantidade expressiva para quem vive do salário ou dos ganhos de seu negócio próprio. Suas economias planejadas devem ser investidas com um *propósito*: que você possa juntar, ganhar o máximo de juros sobre juros durante o período da aplicação, acumular uma grande soma financeira e, assim, poder realizar um grande sonho de compra e consumo no devido tempo planejado da sua vida. Tudo isso para poder comprar/pagar/bancar o tal sonho à vista e com desconto, evitando ter de apelar para uma dívida arriscada e cara, que implicaria o desperdício de muito dinheiro com o pagamento de pesados juros sobre juros.

Assim é que o investidor de sucesso deve se planejar, aplicando determinada soma todos os meses para cada sonho material importante que enxergar em seu horizonte de vida. Ok, você pode até já partir de uma determinada quantia pronta, mas terá de reforçá-la mês a mês com sua capacidade de poupança mensal, pois só assim chegará aonde quer. Investir só pode ser uma atividade de verdadeiro êxito quando seu esforço poupador está bem focado em uma boa *meta de acumulação* — por exemplo, acumular dinheiro para poder comprar um carro, casar, viajar, poder ter filhos, comprar a casa própria, trocar de carro, reformar a casa, comprar outros imóveis, juntar uma reserva de segurança para eventuais problemas de saúde, poder pagar a faculdade dos filhos e se aposentar com segurança e tranquilidade financeira.

São esses sonhos de grande *custo* para seu bolso, porém de grande *valor* para sua qualidade de vida, que motivarão seus investimentos. São eles que definirão suas diversas metas em termos de cifrões. Então, o primeiro passo para tentar encontrar a melhor aplicação para suas economias é identificar cada meta de acumulação, ou seja, especificar na ponta do lápis o valor que terá de acumular para realizar cada sonho. Esse valor será a diferença entre o que você já tem hoje *para esse sonho* (nada, na maior parte das vezes), e o que precisa ter no futuro para concretizá-lo.

Se tiver mais de um sonho, não misture suas estratégias de aplicação. Trace uma meta bem definida para cada sonho e, para cada um, escolha uma aplicação específica. Assim, como não se paga conta de R$ 200,00 com nota de R$ 100,00, não se realiza determinado sonho com dinheiro que foi acumulado para viabilizar outro.

Prazo de realização versus capacidade de poupança: o desafio é conciliar

Todo sonho material tem seu *preço* (sua meta de acumulação), mas também tem seu *prazo* (quando você espera ter o dinheiro pronto para conquistar o que deseja). Em outras palavras, quantos meses ou anos planeja levar para bater sua meta de acumulação? Esse será seu *prazo de realização.*

Você tem consciência de que não adianta idealizar um prazo de realização desproporcional à sua capacidade de poupança, isto é, não adianta especificar um tempo acelerado demais comparado com a velocidade na qual você de fato consegue poupar e aplicar dinheiro. Por outro lado, você não quer levar mais tempo do que o estritamente necessário para concretizar seu sonho. Então, seu desafio será montar um plano de investimentoss que o ajude a conciliar o prazo de realização mais curto possível — aquele que seria *ideal* para seus anseios de realização — com o que será *possível* conforme sua verdadeira capacidade mensal de poupança.

Se sua capacidade de poupança é menor, estique o prazo planejado

Vamos imaginar que sua meta de acumulação seja juntar R$ 24 mil para trocar de carro em dois anos (24 meses). Para isso, grosso modo, você terá de poupar e aplicar R$ 1 mil de mensalidade (= R$ 24 mil/24 meses, ainda sem computar ganhos de juros sobre juros). A questão é: dá para traçar a meta de acumulação de R$ 24 mil no prazo de realização de 24 meses com a capacidade de poupança mensal de R$ 1 mil? Se der, tudo bem, seu plano está perfeito. No entanto, se sua capacidade de poupança para esse sonho for de apenas R$ 500,00 mensais, fica claro que terá de ajustar seu prazo de realização para, digamos, 48 meses.

O importante é se planejar direito para chegar lá sem ter de apelar para uma dívida. Veja só: se você comprasse hoje o bem no valor de R$ 24 mil financiados a 1,99% ao mês, em 48 meses resultarão em 48 mensais de R$ 780,00 — portanto, R$ 280,00 a mais todo santo mês em comparação com os R$ 500,00 do plano de investimentos, o que resultaria em R$ 13.440,00 de juros pagos a mais no total! Então, está claro que você deverá providenciar um bom plano de investimentos para calibrar corretamente seu prazo de realização *almejado* com sua capacidade de poupança mensal *possível*. Tendo o prazo correto em mãos, aí, sim, será finalmente viável escolher a melhor aplicação, a mais rentável e segura. Estamos próximos, pois, do casamento perfeito!

Em tempo: se você ainda não conhece o passo a passo para traçar um bom plano de investimentos, leia com atenção o último capítulo deste livro: *Bons planos de investimentos para realizar seus sonhos*.

Sua disponibilidade pessoal para se dedicar à atividade investidora

Até este ponto você já traçou sua(s) meta(s) de acumulação e, considerando sua capacidade mensal de poupança, chegou ao prazo de realização de tal(is) meta(s). Foram passos imprescindíveis para fechar seu verdadeiro perfil como investidor e encontrar a(s) aplicação(ões) ideal(is). Antes de fechar sua escolha, no entanto, será importante se questionar sobre um último aspecto do seu perfil: sua disponibilidade pessoal para se dedicar à atividade investidora. Nesse ponto, deixe de lado empolgações ilusórias de se tornar o próximo Warren Buffett[1] e seja muito honesto consigo mesmo, definindo qual é a quantidade de tempo de que você realisticamente dispõe e qual é o volume de energia que está disposto a despender na operacionalização de sua estratégia investidora. Aqui há três caminhos possíveis, e você terá necessariamente de escolher um deles: o caminho do investidor passivo acomodado, o do dinâmico construtor e a via do dinâmico alavancador.

Disponibilidade "zero" *versus* superelevada: perfis extremos de aplicador

No mercado, chamamos de *default* o investidor que tem **baixo interesse e quase nenhum tempo disponível** para suas estratégias in-

1. Warren Edward Buffet é um investidor e empresário norte-americano. Considerado o investidor mais bem-sucedido no mundo, Buffett também é o principal acionista, presidente do conselho e diretor executivo da Berkshire Hathaway. Dono da terceira posição na lista das pessoas mais ricas do mundo da *Forbes* em 2011, Buffett também é um notável filantropo, tendo deixado em seu testamento 85% de sua fortuna para a Fundação Bill & Melinda Gates. (N. E.)

vestidoras. É o que chamo de **investidor passivo acomodado**. Na prática, esse elemento simplesmente não está disposto a cuidar de seus investimentos de maneira verdadeiramente competente e responsável. Esse perfil de aplicador dificilmente será um *investidor de fato*, com planejamentos traçados, executados e com metas realizadas ao longo do tempo. Gente assim, quando sobra um dinheirinho, põe na poupança apenas para resgatar e consumir logo mais adiante...

Por isso mesmo, o passivo acomodado sempre acaba tendo de recorrer às dívidas como modo de concretizar seus grandes sonhos de compra e consumo, uma "estratégia" bem mais cara, arriscada e demorada para se chegar aonde se deseja na vida.

No outro extremo, há o aplicador que tem **elevado interesse e bastante tempo disponível** para tocar sua vida de investidor. Costumo chamar essa "peça rara" de **investidor dinâmico alavancador**. Esse perfil de aplicador dispõe de pelo menos uma a duas horas por dia útil para traçar, executar e replanejar suas estratégias de investimentos, normalmente especulativos, visando obter ganhos elevados no curtíssimo ou curto prazo.

Independentemente do mercado em que atue, o alavancador costuma apoiar-se no princípio básico da especulação: comprar barato para vender mais caro o mais rapidamente possível. Não há nada de errado nisso, portanto, esqueça o preconceito com relação ao termo *especular*, pois esse é apenas mais um posicionamento estratégico entre os que podem lhe trazer bom êxito no mercado financeiro.

Quando consegue realizar sua estratégia com competência (e isso pode ser feito de maneira perfeitamente ética e legal), o alavancador experiente acaba conseguindo aumentar seu capital com maior velocidade, é verdade. Mas, para isso, normalmente se expõe a riscos bem mais elevados, o que remete naturalmente a um capital de investimento mais elevado do que aquele que costuma estar disponível para o pequeno/médio e, principalmente, a muita predisposição para atuar dessa maneira.

Há quem ganhe dinheiro e se realize dessa maneira no mercado, porém dificilmente o aplicador de pequeno/médio porte, aquele que tem uma atividade profissional principal fora do mercado financeiro, consegue se encaixar nesse perfil. Já vi muitos se frustrarem por quererem jogar o jogo da especulação sem ter a devida condição e preparação para isso; então, todo cuidado é pouco, e só vá por essa linha se estiver pronto para dar esse passo. Naturalmente, nesse caso, você precisará de uma excelente corretora para ser sua parceira na internet.

O perfil do investidor dinâmico construtor: dedicação na dose certa!

Falemos agora do **investidor dinâmico construtor**. Se está lendo este livro, você provavelmente tem **alto interesse e algum tempo disponível** para cuidar melhor de suas estratégias de investimento. Nesse caso, seu perfil é o que chamo de **investidor dinâmico construtor**. Para ganhar mais ao longo do tempo sem correr riscos desnecessários, o construtor está disposto a aprender a lidar com aplicações mais dinâmicas, pois sabe que um pouco de inteligência e conhecimento, sem exageros, pode lhe trazer um retorno muito maior.

Esse perfil de investidor dispõe de uma a duas horas semanais (não é necessário mais que isso) para planejar suas finanças pessoais, traçar suas metas de acumulação, enxugar e controlar seu orçamento, garantir sua capacidade de poupança mensal, conhecer a oferta no mercado financeiro, selecionar as melhores aplicações e abastecê-las mês após mês rumo à realização dos seus sonhos. O investidor dinâmico construtor não se conforma com os parcos ganhos das aplicações convencionais, porque sabe fazer contas e enxerga que elas maltratam seu dinheiro. Por isso, está disposto a conhecer opções mais interessantes, como o Tesouro Direto e o Home Broker.

Sonho a sonho, trace o perfil correto e escolha a melhor aplicação

Digamos que você, no seu papel de investidor dinâmico construtor, já tenha se planejado adequadamente, identificando sua meta de acumulação e seu prazo de realização, conforme sua capacidade de poupança mensal, para concretizar seu sonho de, digamos:

1. Juntar R$ 10 mil para viajar daqui a um ano.
2. Juntar R$ 30 mil para comprar um carro daqui a três anos.
3. Juntar R$ 50 mil para se casar daqui a quatro anos.
4. Conquistar seu imóvel no valor de R$ 200 mil ou mais passado no nome daqui a dez anos (na metade do prazo que levaria para quitar um financiamento imobiliário de 20 anos).
5. Dispor de R$ 60 mil para poder bancar a faculdade de seu filho daqui a 18 anos.
6. Acumular R$ 1 milhão ou R$ 2 milhões para se aposentar com uma boa reserva e uma renda de classe média daqui a 30 anos.
7. Ou, quem sabe, concretizar todos esses planos paralelamente!

Você terá chances concretas de conseguir o que parece impossível para a maioria, e bom planejamento financeiro não lhe falta, uma vez que já tem em mãos suas metas financeiras e seus prazos de realização, tendo, inclusive, um binômio desses para cada um de seus sonhos. Agora, basta garimpar boas aplicações financeiras!

Não há apenas um perfil para cada aplicador, mas um para cada sonho

Veja que curioso: na realidade, você não tem *um único* perfil como investidor, mas *vários perfis*. Na prática, ao fazer um planejamento financeiro competente, você acabou chegando a *um perfil para cada sonho*, visto que cada meta de acumulação para cada sonho tem seu prazo específico de realização. E, como lhe falei, esse prazo será o fator crítico para fazer a seleção da melhor aplicação.

A coisa funciona como se você fosse vários investidores ao mesmo tempo, com diferentes metas e, por isso mesmo, com diferentes escolhas a fazer em termos de quais aplicações financeiras casam melhor com seus diferentes prazos de realização, garimpando entre tudo o que de melhor é oferecido no mercado financeiro brasileiro para investidores do seu porte.

Antes de prosseguirmos, lembre-se de que, no tocante à *segurança*, você é *conservador* e não deseja correr riscos desnecessários, mas, no que diz respeito à *rentabilidade*, você é *dinâmico* e quer ganhar o máximo possível.

Tendo em mãos o *prazo de realização* do seu sonho, você poderá perfeitamente encontrar a aplicação com *prazo de maturação* que lhe permita conciliar o melhor dos dois mundos: rentabilidade e segurança.

Para ganhar mais, faça concessões no prazo, jamais na segurança

Há no mercado financeiro uma máxima de bom senso que dita o seguinte: "Quanto maior o risco, maior o retorno". O que não pode acontecer é seguir essa máxima cegamente e passar a acreditar que, expondo-se a risco, seu dinheiro estará *naturalmente fadado* a render mais.

Na prática, a pior maneira de tentar comprar uma *rentabilidade diferenciada* é se predispor a pagar com a moeda da *segurança*. Agindo assim você entregará antecipadamente o "ouro" sem a menor garantia de que a tal aplicação arriscada lhe trará "diamantes" em retorno por tamanho desprendimento.

Diferentemente do que corre por aí, eu lhe afirmo que *ser dinâmico* não tem nada a ver com expor-se a risco tentando lucrar mais, pois uma postura investidora de alto risco pode afastar o aplicador da busca inteligente por aplicações que conciliem segurança elevada com retorno diferenciado, exatamente como os títulos públicos do Tesouro Direto e as ações de boas empresas brasileiras compradas via Home Broker.

Em sua experiência com investimentos, não haja como se estivesse em um bingo

Sua moeda de troca para angariar uma rentabilidade superior jamais deve ser a *segurança* da aplicação, que é sagrada, mas sim seu *prazo de maturação*, porque aqui você pode ter margem para fazer concessões que não lhe custarão praticamente nada, dentro do *prazo de realização* de cada um de seus sonhos.

Por isso se tornou tão importante para você se planejar corretamente e traçar o perfil adequado para cada um de seus sonhos: isso lhe permite delimitar precisamente seu *prazo de realização*, para poder casá-lo perfeitamente com o *prazo de maturação* correto da melhor aplicação financeira que se revelar compatível.

CAPÍTULO 3

TESOURO DIRETO OU HOME BROKER: ESCOLHA O MELHOR CANAL

Seu horizonte de investimentos indicará a aplicação mais adequada

Está claro que você quer aplicar de maneira dinâmica, mas para onde vai direcionar seu dinamismo investidor, para o Tesouro Direto ou o Home Broker? Os títulos da Dívida Pública Brasileira, de um lado, e as ações das boas empresas estabelecidas em nosso país, de outro, são aplicações com grande potencial construtor. No entanto, essas duas vias apresentam qualidades diferentes e terão indicações distintas conforme os perfis de seus diferentes planos de investimentos.

Então, digamos que você já tenha delineado seus planos de investimentos para concretizar os sonhos que o motivarão a aplicar determinadas quantias mês após mês. Pelo perfil de cada sonho, você pôde identificar precisamente o *prazo de realização* de sua meta de acumulação em cada caso. Por ter se planejado direito, você já conhece exatamente o prazo de que dispõe para investir em troca de ganhos maiores em suas aplicações, sem abrir mão da segurança e, *inclusive*, sem comprometer sua liquidez.

Essa será sua bússola daqui por diante: o prazo. Pois isso, sim, é uma lei empírica dos investimentos: há uma correlação direta entre *prazo de maturação* da aplicação e sua *rentabilidade líquida real acumulada*. Aplicações seguras com prazo de maturação mais longo tendem a apresentar maior rentabilidade líquida real acumulada no tempo. Faço questão de explicar o porquê, na ponta do lápis.

Cinco faixas de prazos indicadas para suas aplicações financeiras

Nisso estamos em acordo: a chave para a seleção das aplicações financeiras mais dinâmicas para cada perfil de sonho está no *prazo*. Com o objetivo de tornar sua garimpagem mais prática e objetiva, a seguir apresento cinco **faixas de prazos indicadas** para o enquadramento correto das diferentes aplicações financeiras:

Curtíssimo prazo: até 12 meses (1 ano).
Curto prazo: de 13 a 24 meses (entre 1 e 2 anos).
Médio prazo: de 25 a 60 meses (entre 2 e 5 anos).
Longo prazo: de 61 a 120 meses (entre 5 e 10 anos).
Longuíssimo prazo: acima de 120 meses (mais de 10 anos).

Dentro de cada faixa de prazo, seu desafio será fazer coincidir o *prazo de realização* de cada um de seus sonhos com o *prazo de maturação* de cada aplicação do mercado, buscando o casamento perfeito. Nessa busca pelo enriquecimento sólido, lembre-se de que seu objetivo será encontrar a aplicação que lhe pague a maior *rentabilidade <u>líquida</u> <u>real acumulada</u>*, sem abrir mão da *segurança*.

O que vou mostrar são os fatores que afetam a rentabilidade relacionando-os ao prazo. De acordo com cada faixa de prazo, atente para tudo o que possa mexer com a **rentabilidade**:

Líquida: atenção ao IR e taxas a deduzir do ganho bruto.

Real: cuidado com a inflação que deve ser reposta ao capital.

Acumulada: atenção aos juros sobre juros ganhos ao longo do prazo de aplicação, pois eles é que multiplicam seu capital, enriquecem seu bolso e realizam seus sonhos.

Para o *curtíssimo prazo* (até 12 meses), vá pela "velha" caderneta

A caderneta de poupança é a única aplicação do mercado financeiro brasileiro que está incondicionalmente isenta de imposto de renda e sobre a qual não se cobram quaisquer taxas. Quando ouvimos dizer que ela paga 0,60% ao mês, isso é rentabilidade *líquida*. Ponto!

Pena que, em virtude da metodologia de cálculo de seus rendimentos (0,50% ao mês + TR), a caderneta apresenta uma rentabilidade mensal achatada e pouco elástica, flutuando entre 0,50% e 0,60%, talvez um pouco mais que isso, mas não muito mais. Isso deixa a poupança exposta à grave ameaça da alta acelerada de preços na economia: a inflação em elevação tende a "comer" grande parte (senão a integralidade!) da rentabilidade nominal dessa aplicação, deixando sua rentabilidade *real* próxima de zero. Nesse caso, a velha dama do mercado financeiro serviria para *proteger* suas economias da inflação, mas não para *multiplicar*, ou seja, ganhar dinheiro novo.

Apesar de apresentar essa rentabilidade minguada, a poupança acaba sendo a aplicação mais recomendada para quem vai precisar do dinheiro a curtíssimo prazo, no máximo em 12 meses. Afinal, para o investidor que preza pela segurança, nesse horizonte de tempo *proteger* é mais importante que *ganhar*.

No curtíssimo prazo, até há opções dinâmicas, mas pouco refrescam

Talvez alguma outra aplicação segura até possa lhe pagar, no curtíssimo prazo, um pouquinho a mais por mês que a poupança. Mas a diferença na rentabilidade mensal será muito pequena, por causa da maior tributação do imposto de renda existente a curtíssimo prazo. Com exceção da poupança, os ganhos obtidos em todas as demais aplicações de renda fixa (FIFs DI e Renda Fixa, CDBs, títulos públicos e até planos de previdência conservadores) devem ser tributados pelo imposto de renda.

A tabela do IR para aplicações de renda fixa segue a seguinte métrica, que apresenta alíquotas decrescentes à medida que o prazo de aplicação se estica:

- 22,5% de IR sobre os ganhos brutos (*não* sobre o total investido) para aplicações no prazo de até 6 meses.
- 20% para aplicações entre 6 meses e um ano.
- 17,50% para aplicações entre um e dois anos.
- 15% para aplicações acima de dois anos.

Quanto menor o prazo, maior a carga tributária. Então, vamos imaginar que um título do Tesouro Direto lhe pague pelo menos 1% ao mês de rentabilidade bruta nominal (o que acontece quando a taxa Selic começa a subir acima de 12% ao ano). Tirando daí 0,60% da soma de taxa de negociação, taxa da BM&FBovespa e taxa da corretora (agente de custódia), e subtraindo ainda os 22,5% devidos de IR (aplicação até 6 meses), esse 1% se transforma em 0,70% ao mês. Tal rentabilidade líquida mensal de 0,70% representa 0,10% a mais por mês do que a caderneta. Sabemos que não se trata de um diferencial desprezível para o médio e longo prazos, quando os juros sobre juros têm oportunidade de se acumular e mostrar sua força. No entanto, no curto prazo representa muito pouca diferença concreta. Digamos que seja um diferencial sem relevância financeira prática.

Veja as contas: se aplicar R$ 200,00 por mês na caderneta a 0,60% ao mês, por exemplo, chegará ao final de seis meses com R$ 1.218,14. Essa estratégia de aplicação conservadora resultará portanto em R$ 18,14 de ganho nominal. Se, no entanto, a mesma quantia mensal for direcionada para títulos do Tesouro, com 0,70% ao mês, o investidor terá acumulado, ao final de 6 meses, R$ 1.221,20, o que significa um ganho acumulado de R$ 21,20.

A diferença do TD para a caderneta nesse prazo tão curto será de R$ 3,06. Em suma: desprezível. Talvez até por isso mesmo o Tesouro Direto não costume oferecer para compra títulos públicos com prazo de vencimento tão acelerado (inferior a 12 meses). Em meados de 2011, por exemplo, o título com maturação natural mais rápida era a LTN 010113, com vencimento para 1° de janeiro de 2013 (portanto, cerca de 18 meses a contar da data da compra). Então, no curtíssimo prazo, minha recomendação não poderia ser outra: vá para o "arroz com feijão". Ainda que sem muito entusiasmo, vá de caderneta de poupança.

Agora, se essa minha orientação em favor de uma aplicação tão "malhada" não o empolgou muito, está na hora de pensar em alongar os prazos de suas estratégias de investimentos, para poder se beneficiar de aplicações mais dinâmicas.

Rumo ao *curto prazo* (1 a 2 anos): o Tesouro Direto já se revela um pouco melhor

Você já percebeu que o investidor dinâmico, para existir *na prática*, tem de se planejar para poder dar *tempo ao tempo*, pois, do contrário, não terá acesso ao ganho diferencial das aplicações mais dinâmicas. Simplesmente não existe aplicação acessível ao pequeno ou médio investidor que combina dinamismo com segurança no curtíssimo prazo. Investimentos especulativos podem até lhe trazer grandes retornos em prazo muito curto, mas, como já foi discutido, aí o perfil de aplicador é outro. Para o investidor construtor, a coisa passa a melhorar à medida que se estica seu horizonte de aplicação para além dos primeiros 12 meses.

Pense, por exemplo, em um plano de investimentos com prazo de realização de 24 meses e uma mensalidade de, digamos, R$ 300,00. Aplicados na poupança, com rendimento de 0,60% ao mês, esses R$ 300,00 mensais resultarão em R$ 7.720,00 no final do período. Sabemos que o plano terá lhe custado R$ 7.200,00 (R$ 300,00 mensais × 24 meses) e, a partir disso, concluímos que a rentabilidade acumulada terá sido de R$ 520,00, ou cerca de 7% sobre o capital total empatado.

Se sua mensalidade for redirecionada para um título do Tesouro Direto, a rentabilidade líquida poderá ser de 0,75% ao mês na média desse prazo de dois anos, porque o IR cairá com o passar do tempo. Isso resultará em uma meta acumulada de R$ 7.860,00 ao final dos 24 meses, ou quase 9,5% no período. Essa estratégia de aplicação mais dinâmica já dá R$ 140,00 a mais que a poupança (mais de um quarto a mais), com a mesma segurança e com liquidez compatível. Conclusão: rumando do curto para o médio prazo, a diferença entre uma aplicação convencional e uma mais dinâmica começa a se revelar, ainda que o impacto diferencial seja comedido.

Em tempo: quanto à questão da comparação da rentabilidade *real* em uma alternativa e em outra, lembro que, em qualquer faixa de prazo e para qualquer aplicação, a inflação projetada será sempre a mesma, entre 0,40% e 0,50% ao mês (tenho usado este último referencial neste livro). Dessa maneira, a inflação não chega a ser fator de desempate entre diferentes aplicações alternativas, embora continue sendo importante na análise dos ganhos reais obtidos com cada uma.

No *médio prazo* (25 a 60 meses/2 a 5 anos), vá de Tesouro Direto

Chegamos agora à primeira faixa de prazo que dará asas ao potencial construtor das aplicações mais dinâmicas. Digamos que um título da Dívida Pública Brasileira como a Letra do Tesouro Nacional (LTN) pague a rentabilidade bruta nominal anual de 12,69%, totalmente pré-fixada, ou seja, determinada no momento da compra do título.

Em meados de 2011, esse era exatamente o caso da LTN 010115, com vencimento para 1º de janeiro de 2015. Convertendo sua taxa *anual* de rentabilidade bruta nominal para uma taxa *mensal* (com cálculos de matemática financeira), chegamos a 1% ao mês. No entanto, essa rentabilidade ainda é *bruta*: para transformá-la em rentabilidade *líquida*, e assim podermos compará-la com o ganho (sempre líquido) da poupança, temos de descontar três taxas deduzidas de qualquer aplicação no Tesouro Direto, que somam cerca de 0,63% sobre o valor aplicado:

- **Taxa de negociação** de 0,10% do valor da compra dos títulos, paga uma única vez, no ato da compra.
- **Taxa de custódia da BM&FBovespa:** 0,30% sobre o valor aplicado, devidos à nossa bolsa de valores, que organiza e administra também esse mercado de investimentos no Brasil.
- **Taxa da corretora (agente de custódia):** 0,23% devidos à corretora de valores mobiliários por meio da qual você compra seus títulos no Tesouro Direto. (Essa taxa parte de 0% e pode chegar a 1% ao ano, variando conforme a corretora. Na Ágora, ela era de 0,23% em meados de 2011.)

Para chegarmos à rentabilidade líquida, temos também de subtrair 15% de IR sobre a rentabilidade bruta da aplicação (com horizonte acima de dois anos). Então, procedendo com as devidas subtrações de taxas devidas e IR a pagar, observamos que essa LTN 010115 pagaria a seu investidor 10,08% ao ano (0,80% ao mês) de rentabilidade *líquida*.

De fato, 0,80% ao mês parece pouca coisa a mais que os 0,60% ao mês da poupança, mas já sabemos que não é bem assim, porque o que conta, além da rentabilidade *líquida*, é a rentabilidade *real* e *acumulada*. Descontada a inflação mensal de 0,50%, os títulos do TD ficam com 0,30% de rentabilidade líquida real mensal, o que já dá o equivalente a *três vezes* a rentabilidade real da inflação, de 0,10% ao mês.

Gostou desse surpreendente diferencial? No entanto, você verá que é no acumulado dos anos que essa rentabilidade diferenciada revelará plenamente seu potencial multiplicador e enriquecedor.

Títulos do Tesouro Direto dão surra na caderneta no acumulado a médio prazo

Para sonhos com *prazo de realização* planejado para o *médio prazo* (entre dois e cinco anos), dê sempre preferência a títulos do Tesouro Direto, que também tem *prazo de maturação* basicamente a *médio prazo*. A mensalidade de R$ 500,00 aplicados durante 48 meses na poupança com rentabilidade mensal de 0,60% resultaria em R$ 27.720,00 acumulados, com ganho de R$ 3.720,00, ou cerca de 15% sobre o capital aplicado. Já no Tesouro Direto, considerando 0,80% de rentabilidade mensal, apuramos que a meta financeira atingida com o mesmo esforço poupador e em idêntico prazo seria de R$ 29.120,00 no total; portanto, R$ 5.120,00 de juros ganhos sobre juros, o que dá cerca de 20% acumulados no período.

Notou a diferença com a poupança? De R$ 3.720,00 de rentabilidade acumulada da caderneta para R$ 5.120,00 do Tesouro Direto, ou 38% a mais em idêntico período, com idêntica segurança e liquidez compatível! Agora me diga: não vale a pena selecionar um título do Tesouro Direto com prazo de maturação aproximada nessa faixa (de dois a cinco anos), desde que você tenha um prazo de realização para seu investimento que esteja situado nessa mesma banda de tempo, conforme havia identificado em seus planos de investimentos? Se hoje você conseguisse um aumento de quase 40% em seu salário, sem implicar qualquer sacrifício pessoal, por acaso recusaria? Então, adote o mesmo raciocínio para suas aplicações financeiras, porque o dinheiro que irá abastecê-las não deixa de ser dinheiro do salário e, portanto, merece o mesmo respeito.

No *longo prazo* (acima de 5 anos ou 60 meses), ações são imbatíveis

Títulos públicos são aplicações seguras, bastante líquidas e com rentabilidade claramente diferenciada em qualquer faixa de prazo de dois anos ou mais. Sua indicação está mais voltada para o *médio prazo*, mas os títulos federais também se revelam dinâmicos inclusive no longo e no longuíssimo prazo, já que o Tesouro Direto chega a oferecer papéis com maturação para mais de três décadas (algumas Notas do Tesouro Nacional). No entanto, se você tiver identificado em seu plano de investimentos um *prazo de realização longo*, superior a cinco anos, recomendo dar prioridade em suas aplicações a outro ativo financeiro de qualidade diferenciada: as ações de boas empresas brasileiras.

Ações em geral sempre apresentam um *prazo de maturação longo*. Em um horizonte para cima de 60 meses, as ações mais negociadas na BM&FBovespa, as campeãs de liquidez da nossa bolsa de valores, tendem a superar crises passageiras e se valorizar de maneira muito diferenciada.

No capítulo anterior, argumentei que as ações de boas empresas brasileiras podem lhe pagar algo como 1,30% ao mês de *rentabilidade bruta nominal mensal média* no longo prazo (a partir de cinco anos). Descontando-se daí 15% de IR (incidentes sobre os ganhos com ações em qualquer prazo de aplicação) e deduzindo também 1% de taxas de negociação (sobre o ganho bruto), chegamos a 1,10% ao mês de rentabilidade *líquida*. Mais uma vez, subtraindo-se daí a inflação de 0,50% ao mês, apuramos que isso dá a rentabilidade líquida *real* mensal de 0,60%, em conformidade com o que lhe sugeri anteriormente como expectativa viável de ganho para as aplicações em ações.

Sim, essa performance poderá ser tranquilamente obtida com a estratégia de investimentos em ações que lhe recomendarei no capítulo deste livro no qual trato de como montar sua carteira de ações com os melhores papéis do mercado.

O poder das ações é maior no acumulado a longo/ longuíssimo prazo

Vimos que a rentabilidade líquida real mensal das ações pode ser de 0,60% no longo prazo, o que dá *o dobro* do rendimento real de um título do Tesouro Direto (0,30% ao mês) e resulta no equivalente a *seis vezes* o rendimento real da poupança (0,10% ao mês). Mas, olhando no acumulado dos meses e dos anos, os múltiplos podem ser bem maiores.

Imagine um aplicador que tenha se planejado para destinar R$ 1 mil mensais a boas aplicações financeiras durante dez anos, ou 120 meses. Na poupança, com 0,10% de rentabilidade líquida real mensal, ele acumulará R$ 127,5 mil (corrigidos para valores da época), com ganho de R$ 7,5 mil sobre os R$ 120 mil poupados. Redirecionando os R$ 1 mil mensais aos títulos públicos do Tesouro Direto, com 0,30% de rentabilidade real projetada ao mês, o aplicador chegará a prováveis R$ 144 mil, com ganho real acumulado de R$ 24 mil, o que já dá mais de *3,2 vezes* o ganho acumulado na caderneta.

Agora, a mesma mensalidade de R$ 1 mil aplicada em ações de boas empresas brasileiras, com rentabilidade real de 0,60% ao mês, resultarão em prováveis R$ 175 mil, com ganho real acumulado de R$ 55 mil. Isso dá — veja bem— *7,3 vezes* o acumulado na poupança em idêntico período, e mais que o dobro do Tesouro Direto! Ainda por cima, esse investidor mais dinâmico contaria com a segurança de aplicar somente em *blue chips*, ações de primeiríssima linha, pequenos nacos de grandes e sólidas companhias brasileiras. E, dessa maneira, manteria a liquidez diária de seu patrimônio, para o caso de ser necessário algum resgate de emergência.

Em tempo: o *longuíssimo prazo*, acima de dez anos, apenas reforça os múltiplos das contas que acabamos de fazer. Os mesmos R$ 1 mil na poupança por 40 anos resultariam em R$ 616 mil, com ganhos reais de R$ 136 mil (em face dos R$ 1 mil mensais poupados × 480 meses = R$ 480 mil). Nas ações, esse mesmo esforço poupador e investidor poderia ser alçado a algo próximo de R$ 2,8 milhões em valores de hoje, mas devidamente corrigidos para valores da época. Os ganhos reais acumulados seriam de R$ 2,3 milhões, mais de *17 vezes* o que se poderia esperar da poupança. Isso não é apenas um "chute", é matemática baseada em probabilidades de mercado, mostrando claramente a força dos juros reais acumulados de maneira composta ao longo do tempo nas aplicações mais dinâmicas.

Para aplicar pela web, você precisará de uma corretora de valores

Até aqui, todo o planejamento necessário para realizar seus investimentos mais dinâmicos já foi providenciado, e as melhores categorias de aplicações já foram selecionadas conforme o melhor casamento de prazos possível em cada plano (cada sonho). Agora, se você não vê a hora de colocar tudo isso em prática e começar a ganhar mais, sua próxima providência prática para investir em títulos da Dívida Pública Brasileira por intermédio do Tesouro Direto ou em ações pelo sistema Home Broker da BM&FBovespa deve ser a abertura de uma conta em uma corretora de valores. Pela legislação brasileira que regulamenta o setor, esse é um passo indispensável, então, não deixe para amanhã. Mãos à obra!

CAPÍTULO 4

ABRINDO SUA CONTA EM UMA BOA CORRETORA DE VALORES

Seu mais importante parceiro nos investimentos dinâmicos

Abrir sua conta em uma corretora de valores é um processo sem segredos, embora requeira algum tempo e energia, em função da documentação solicitada por qualquer corretora em respeito às exigências da Comissão de Valores Mobiliários (CVM), órgão que regula o mercado de ações no país. Mas quero lembrar-lhe de que os procedimentos de abertura deverão ser realizados uma única vez, somente na largada, e com duas grandes vantagens: poderão ser feitos pelo computador, sem sair de casa nem mesmo para ir ao correio postar documentos, e não envolverão qualquer desembolso financeiro de sua parte.

A "melhor" corretora de valores para seus investimentos dinâmicos

Para poder escrever este guia de aplicações pela web, tive de fazer a seleção da "melhor" corretora para lhe indicar. Por razões práticas, eu não podia escolher mais de uma, pois teria de lhe mostrar como proceder tela a tela no site de uma única corretora. Essa é uma escolha difícil, porque há no Brasil dezenas de excelentes corretoras de valores que oferecem serviços de ótima qualidade com custos muito acessíveis. Então, tive de adotar alguns critérios técnicos práticos para usar como filtros em minha avaliação:

- Uma corretora com foco no atendimento do varejo do mercado financeiro, ou seja, voltada para o amplo público dos pequenos/médios investidores.
- Um site com interface amigável, estável, fácil de navegar e de tomar as providências necessárias para suas aplicações.
- Taxas competitivas para títulos públicos e ações.
- Agilidade no atendimento on-line e por meio do 0800.
- Iniciativas em educação financeira variadas e de qualidade.
- Tradição no mercado, dinamismo e inovação no setor.
- Suporte de um grande grupo financeiro por trás da corretora.
- Minha familiaridade com as ferramentas eletrônicas (site e mídias móveis) da corretora.

Entre as várias corretoras de valores com as quais pude interagir nos últimos anos — todas elas de grande profissionalismo e competência —, no momento de escrever este livro acabei optando por uma em específico, na crença de ter feito uma seleção competente e bem intencionada, salvo melhor juízo. Mas vale um alerta: a indicação que farei a seguir não deve ser adotada sem que você mesmo conheça a corretora e interaja com ela, para que possa fazer sua escolha com base em suas próprias percepções e convicções. Afinal, o dinheiro é seu, você é o maior interessado, e o que me parece muito bom em minha avaliação como planejador financeiro experiente pode até não ser o que mais lhe agrade, apesar de todo o meu conhecimento e toda a minha boa vontade em lhe apresentar o melhor.

Se desejar uma listagem completa de corretoras cadastradas na BM&FBovespa, acesse o site da bolsa (www.bmfbovespa.com.br) e, na página de entrada, posicione o cursor sobre a 6ª aba da esquerda para a direita, denominada *Participantes*. Ao posicionar o cursor sobre essa aba, aparecerá uma lista cujo primeiro item é *Corretoras*: clique nele. Uma vez na página de *Corretoras*, vejo o item *Busca de corretoras*, o último item na caixa da esquerda. Clique nele.

Clicando em *Busca de corretoras* aparecerá uma tela para ajudar você a pesquisar a corretora da BM&FBovespa mais adequada às suas necessidades. Preencha os campos conforme indicado e clique no botão *Mostrar Resultado*, no final da página:

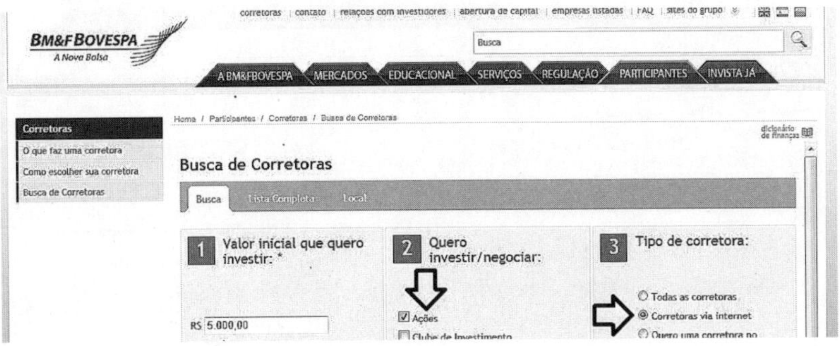

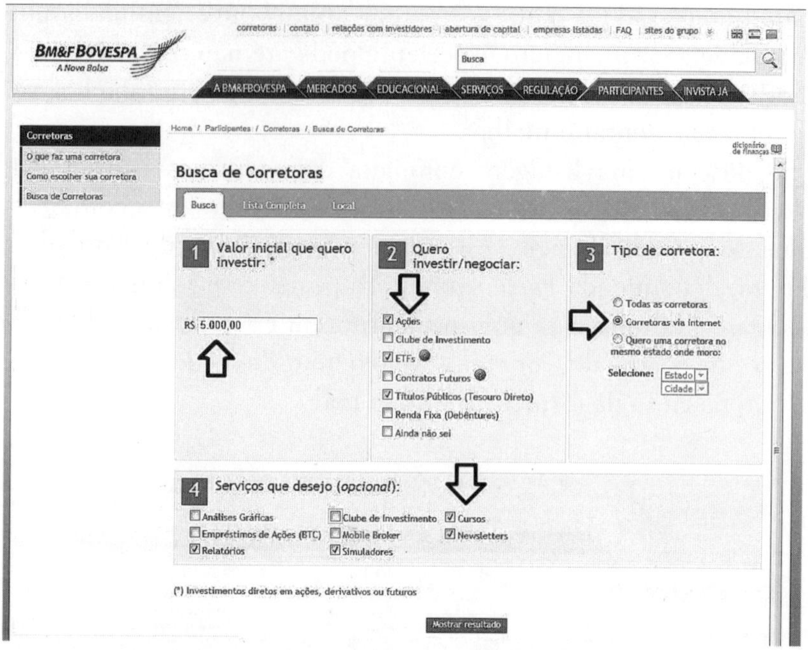

Os resultados aparecerão na mesma página, logo abaixo, com várias corretoras que se encaixam nas necessidades solicitadas. Você verá, inclusive, que uma das corretoras indicadas no site da BM&FBovespa é a Ágora Corretora de Títulos e Valores Mobiliários S.A. Clique no link dessa corretora:

Repare que a sede desta empresa é no Rio de Janeiro. Na realidade, para o investidor, isso tanto faz, porque jamais será necessário deslocar-se até ela seja a Ágora, seja qualquer outra corretora com a qual você venha a trabalhar, o relacionamento será sempre pela internet e por telefone, o que é muito mais prático, embora igualmente seguro.

Ágora Corretora de Títulos e Valores Mobiliários S.A. (www.agorainvest.com.br)

Uma das maiores corretoras participantes da BM&FBovespa, a **Ágora** (como simplesmente a chamarei daqui por diante) está associada ao conglomerado financeiro **Bradesco**, e tem uma das mais expressivas carteiras de clientes do país, com mais de 25 mil investidores.

Mas o mais importante é que esta corretora apresenta taxas competitivas tanto para o Tesouro Direto (0,23% sobre o valor dos investimentos feitos) quanto para a compra ou venda de ações (R$ 20,00 por ordem efetuada). O site da Ágora é bem organizado, suficientemente simples de usar, rico em informações e análises, e traz opções variadas de investimentos dinâmicos. Nas vezes em que, como cliente, precisei utilizar o atendimento telefônico/on-line, fui tratado com cordialidade e minhas dúvidas foram esclarecidas a contento.

E quem já tem conta aberta em outra corretora de valores?

Se você já é cliente de outra corretora, está acostumado a se relacionar com ela e encontra-se satisfeito com sua experiência de investidor com essa instituição, não há porque interromper o relacionamento já sedimentado. Ainda assim, insisto que a abertura de sua conta é gratuita e talvez valha a pena experimentar uma segunda opção, até para ter parâmetros de comparação.

Para oferecer um passo a passo das aplicações, as *instruções* que apresentarei neste livro estão relacionadas ao site de uma única corretora. No entanto, os *conceitos* e as *estratégias* sobre aplicações no Tesouro Direto e em ações via Home Broker que exporei em seguida são válidos para investimentos feitos por intermédio de quaisquer corretoras devidamente cadastradas na BM&FBovespa.

Abrindo sua conta na corretora: siga este passo a passo

Vá ao site www.agorainvest.com.br e veja sua página inicial.

Clique no botão *Abra sua Conta* no canto superior esquerdo da página inicial e veja então a página de entrada do processo de abertura de uma nova conta na corretora:

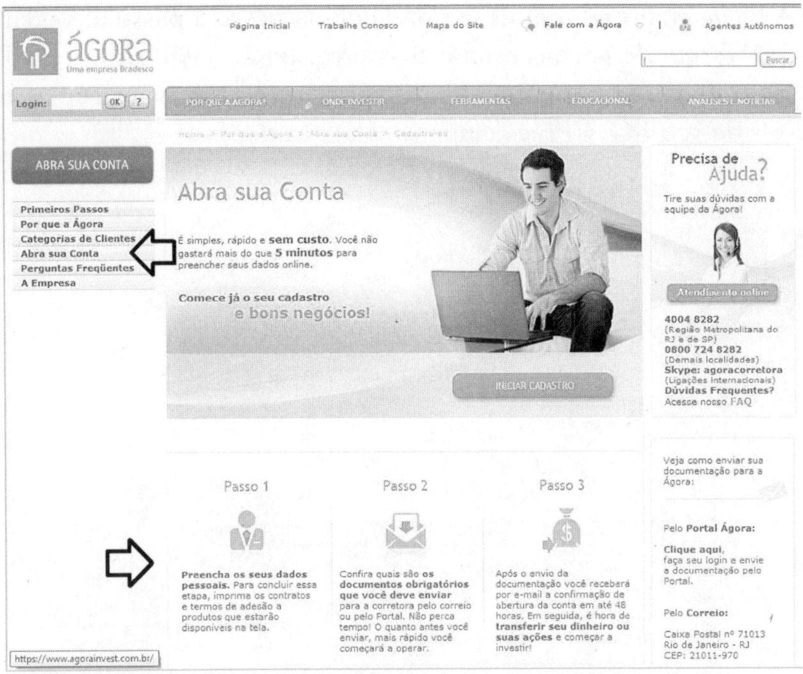

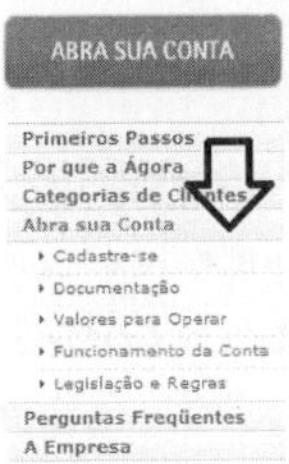

Na base da página já há uma indicação do passo a passo que você deverá seguir. Agora, atente para o menu do lado esquerdo e posicione o cursor do mouse sobre o item *Abra sua conta*. Você verá uma lista com os itens mais importantes a observar na abertura de sua conta na Ágora.

Antes de clicar no primeiro item desse menu, *Cadastre-se*, vamos explorar um pouco as demais opções, visando aprender um pouco mais antes de começar a preencher o cadastro.

Começaremos a exploração pelo item *Documentação*. Clique no link.

Já na página *Documentação*, clique no item *Pessoa física* e veja a lista dos documentos necessários para abrir sua conta. Até que não são tantos assim.

A *Ficha cadastral* tem de ser preenchida passo a passo nas telas do site. O *Termo de adesão* estará disponível para download ao final do processo de cadastramento. De sua parte, tenha em mãos cópias bem legíveis de seu *RG*, *CPF* e *comprovante de endereço*.

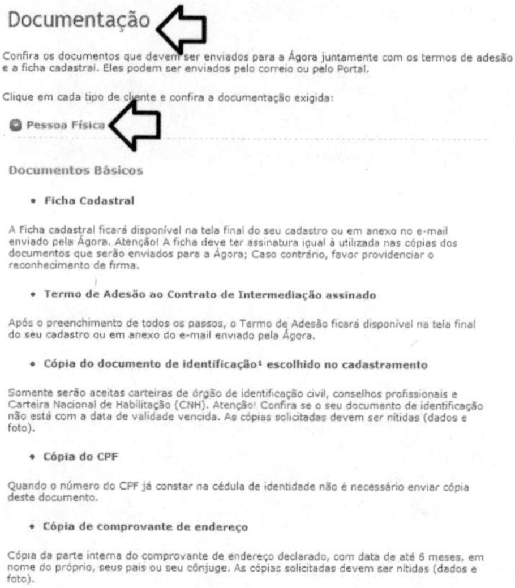
Documentação

Confira os documentos que devem ser enviados para a Ágora juntamente com os termos de adesão e a ficha cadastral. Eles podem ser enviados pelo correio ou pelo Portal.

Clique em cada tipo de cliente e confira a documentação exigida:

Pessoa Física

Documentos Básicos

- **Ficha Cadastral**

A Ficha cadastral ficará disponível na tela final do seu cadastro ou em anexo no e-mail enviado pela Ágora. Atenção! A ficha deve ter assinatura igual à utilizada nas cópias dos documentos que serão enviados para a Ágora; Caso contrário, favor providenciar o reconhecimento de firma.

- **Termo de Adesão ao Contrato de Intermediação assinado**

Após o preenchimento de todos os passos, o Termo de Adesão ficará disponível na tela final do seu cadastro ou em anexo do e-mail enviado pela Ágora.

- **Cópia do documento de identificação[1] escolhido no cadastramento**

Somente serão aceitas carteiras de órgão de identificação civil, conselhos profissionais e Carteira Nacional de Habilitação (CNH). Atenção! Confira se o seu documento de identificação não está com a data de validade vencida. As cópias solicitadas devem ser nítidas (dados e foto).

- **Cópia do CPF**

Quando o número do CPF já constar na cédula de identidade não é necessário enviar cópia deste documento.

- **Cópia de comprovante de endereço**

Cópia da parte interna do comprovante de endereço declarado, com data de até 6 meses, em nome do próprio, seus pais ou seu cônjuge. As cópias solicitadas devem ser nítidas (dados e foto).

Veja como enviar sua documentação para a Ágora:

Pelo **Portal Ágora:**

Clique aqui,
faça seu login e envie a documentação pelo Portal.

Pelo **Correio:**

Caixa Postal nº 71013
Rio de Janeiro - RJ
CEP: 21011-970

Há duas formas de enviar essa documentação para a Ágora: pelo site ou pelo correio. Fazer o envio on-line é muito prático, você não precisará nem sair de casa e só terá o trabalho de escanear previamente os documentos assinados (com legibilidade!). Repare nas informações dessa caixa à direita da página *Documentação*.

De volta ao menu da esquerda, clique agora em *Valores* para operar.

A nova página mostra que o depósito inicial mínimo para começar seus investimentos em **ações via Home Broker Ágora** é de R$ 5 mil. Esse limite, vigente em meados de 2011, referia-se somente ao **primeiro** depósito, podendo os demais ser de qualquer valor (se ainda não tiver esse tanto, acumule primeiro a quantia na própria caderneta de poupança, ou então no Tesouro Direto). Para **títulos públicos via Tesouro Direto**, veja que o site recomenda valores a partir de R$ 200,00.

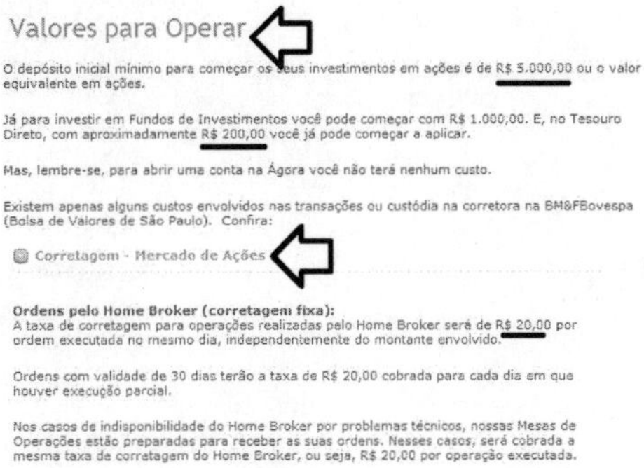
Valores para Operar

O depósito inicial mínimo para começar os seus investimentos em ações é de R$ 5.000,00 ou o valor equivalente em ações.

Já para investir em Fundos de Investimentos você pode começar com R$ 1.000,00. E, no Tesouro Direto, com aproximadamente R$ 200,00 você já pode começar a aplicar.

Mas, lembre-se, para abrir uma conta na Ágora você não terá nenhum custo.

Existem apenas alguns custos envolvidos nas transações ou custódia na corretora na BM&FBovespa (Bolsa de Valores de São Paulo). Confira:

Corretagem - Mercado de Ações

Ordens pelo Home Broker (corretagem fixa):
A taxa de corretagem para operações realizadas pelo Home Broker será de R$ 20,00 por ordem executada no mesmo dia, independentemente do montante envolvido.

Ordens com validade de 30 dias terão a taxa de R$ 20,00 cobrada para cada dia em que houver execução parcial.

Nos casos de indisponibilidade do Home Broker por problemas técnicos, nossas Mesas de Operações estão preparadas para receber as suas ordens. Nesses casos, será cobrada a mesma taxa de corretagem do Home Broker, ou seja, R$ 20,00 por operação executada.

Há custos para aplicar pela web, mas na Ágora são bem acessíveis

Há custos envolvidos nas suas aplicações financeiras em qualquer corretora de valores. Em meados de 2011, a Ágora cobrava R$ 20,00 de **taxa de corretagem** a cada ordem (de compra ou de venda) de ações, um valor bastante razoável para o pequeno/médio investidor.

Já a **taxa de custódia** da corretora (algo como a taxa mensal de manutenção de sua conta corrente no banco) era de R$ 6,90, mas o investidor que realizar pelo menos uma operação de compra ou venda de ações por mês estará isento.

Não confunda esse custo com a **taxa do agente de custódia do Tesouro Direto**, que vale só para compras no TD, e estava estipulada em meados de 2011 como 0,23% do valor de cada compra (R$ 0,23 a cada R$ 100,00 comprados em títulos públicos). Novamente, um valor bastante convidativo ao pequeno/médio aplicador.

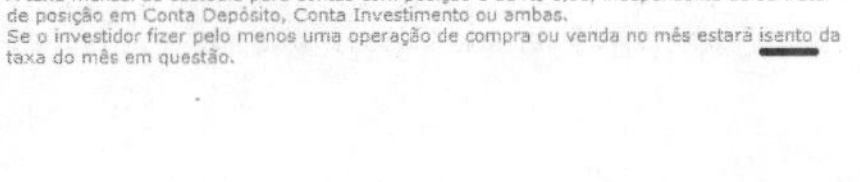
Taxa de Custódia

A taxa mensal de custódia para contas com posição é de R$ 6,90, independente de se tratar de posição em Conta Depósito, Conta Investimento ou ambas.
Se o investidor fizer pelo menos uma operação de compra ou venda no mês estará isento da taxa do mês em questão.

Há também os **emolumentos** da Bovespa/CBLC (Companhia Brasileira de Liquidação e Custódia), no valor de 0,0345% da transação (quase simbólicos, menos de 4 centavos para cada R$ 100,00 transacionados).

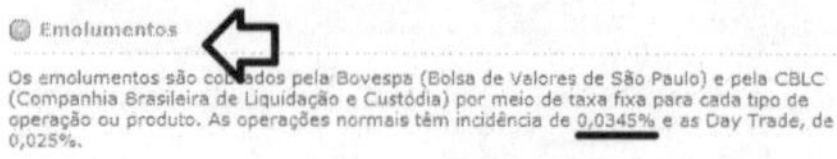
Emolumentos

Os emolumentos são cobrados pela Bovespa (Bolsa de Valores de São Paulo) e pela CBLC (Companhia Brasileira de Liquidação e Custódia) por meio de taxa fixa para cada tipo de operação ou produto. As operações normais têm incidência de 0,0345% e as Day Trade, de 0,025%.

Essas taxas sempre se encontrarão devidamente discriminadas em seus *Extratos* e *Notas de corretagem* da Ágora (como explicarei nos próximos capítulos).

Sua conta na Ágora: Conta Depósito *versus* Conta Investimento

O próximo item no menu da esquerda da página de abertura de conta é *Funcionamento da conta*.

Ao abrir uma conta na Ágora você terá, na realidade, *duas contas* para realizar seus investimentos: a **Conta Depósito** e a **Conta Investimento**.

As duas são como "contas gêmeas" e você poderá transferir recursos entre elas quantas vezes desejar, de forma muito simples (explicarei como nos capítulos em que ensino a operar com títulos públicos e ações). Não há qualquer custo nessas transferências internas ao site.

Como regra, para não se confundir, recomendo utilizar a **Conta Depósito** exclusivamente para receber dinheiro de sua conta bancária em sua conta da Ágora (transferência), ou para enviar dinheiro de sua conta da Ágora para sua conta bancária (resgate).

Transfira para a **Conta Investimento** os recursos que deseja investir e faça suas aplicações unicamente a partir dessa conta.

Você pode zerar o saldo de qualquer das duas contas, mas a Conta Investimento não pode apresentar saldo negativo. Se isso ocorrer, haverá uma transferência automática de sua Conta Depósito para cobrir o débito. Acompanhe as movimentações dessas duas contas por meio dos extratos disponíveis no site.

É possível que em algum momento essas duas contas venham a se fundir em uma única, já que o Banco Central eliminou em 2011 a obrigatoriedade de bancos e corretoras preservarem a Conta Investimento.

Transferindo dinheiro de sua conta bancária para a conta na Ágora

Clique agora no subitem *Transferências financeiras*.

Para fazer um depósito em sua Conta Depósito da Ágora, e assim poder operar com ações ou títulos públicos, você deverá primeiramente transferir os recursos planejados de sua conta bancária para uma das contas da Ágora apresentadas no site, que em meados de 2011 eram duas (confira essa informação devidamente atualizada no próprio dia em que for realizar cada transferência):

Banco: Bradesco (237) **Agência:** 2373 **Conta Corrente:** 421129-4 **Favorecido:** Ágora CTVM **CNPJ:** 74.014.747/0001-35	**Banco: Itaú (341)** **Agência:** 0911 **Conta Corrente:** 04810-6 **Favorecido:** Ágora CTVM **CNPJ:** 74.014.747/0001-35

Envie os recursos por TED, DOC ou via transferência Bradesco ou Itaú. No caso de transferências, é necessário enviar um comprovante da operação, seja por e-mail, clicando no link indicado no site, ou para o fax (21) 2529-0975. Os recursos enviados por TED ou DOC são identificados por seu CPF, não sendo necessário enviar comprovante.

Enquanto as transferências via Bradesco, Itaú ou TED são creditadas em sua conta no dia de sua realização, após identificação, as transferências feitas por DOC serão creditadas no dia seguinte à sua realização.

Para coibir processos de "lavagem de dinheiro", a corretora não pode aceitar depósitos em nome de terceiros, em dinheiro ou em cheque.

Outro alerta importante: sendo cliente pessoa física, *não* faça a transferência de qualquer valor de uma conta bancária de pessoa *jurídica* para a Ágora, mesmo que você — cliente da corretora — seja sócio da empresa em questão. Também não faça DOC ou TED a partir de uma conta bancária de titularidade diferente de sua conta de cliente Ágora. As titularidades têm sempre de ser as mesmas.

No eventual caso de uma transferência indevida (por quaisquer dos motivos acima), o valor transferido não será liberado da conta Bradesco ou Itaú da Ágora para sua Conta Depósito na Ágora. A quantia ficará provisoriamente bloqueada e quem realizou a transferência terá de fazer contato com o atendimento da corretora para revertê-la (não há perda de dinheiro no processo, "apenas" perda de tempo).

Os depósitos de *conta conjunta* são identificados pelo nome e CPF do primeiro titular da conta. Caso o cliente Ágora tenha uma conta bancária conjunta com seu cônjuge, por exemplo, e deseje fazer sua transferência a partir dessa conta, há duas hipóteses:

- *Só um cônjuge é cliente Ágora*: sendo o *titular* da conta bancária, nenhum cuidado especial é necessário. Sendo o *segundo titular*, envie um comprovante contendo nome e CPF dos titulares da conta (como cópia de uma folha de cheque qualquer ou cópia do cartão do banco) por e-mail ou para o fax da corretora.
- *Ambos os cônjuges são clientes Ágora*: o valor será creditado na conta do primeiro titular. Se desejar que o valor seja creditado na conta do segundo titular, entre em contato com a Central Ágora.

Preenchendo o cadastro de abertura de sua conta na Ágora

Agora que você já tem as primeiras informações mais importantes sobre o funcionamento da conta que abrirá na Ágora (tudo isso será repassado mais adiante, nos capítulos práticos de aplicações), voltando ao menu à esquerda da página de abertura de conta, clique no item *Cadastre-se*:

A partir daqui é fácil. É só seguir preenchendo os campos solicitados com suas informações pessoais e clicar no botão *Prosseguir* quando tiver preenchido cada página. Não são poucos os dados solicitados, mas tudo é para sua segurança, então tenha um pouco de paciência nesse processo, que deverá ser feito uma única vez.

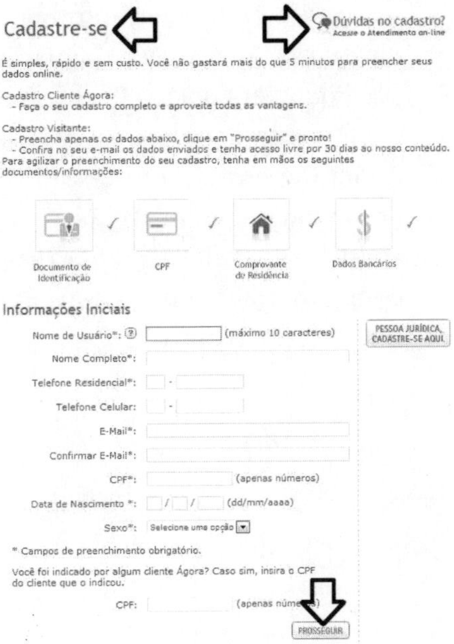

Repare no canto superior direito o ícone *Dúvidas no cadastro*? A qualquer momento você poderá acessar o *Atendimento on-line* da Ágora. Veja então a sequência de telas de preenchimento de cadastro pelas quais passará.

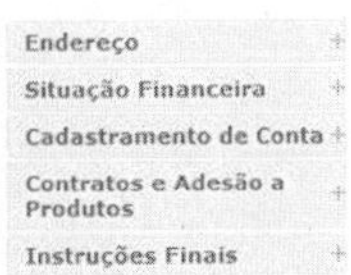

Com um pouco de calma, você chegará rapidamente à página *Instruções finais*. Repare no canto direito da tela os *três documentos* que terá de imprimir, assinar, anexar ao RG, CPF e comprovante de endereço, para então enviar à Ágora:

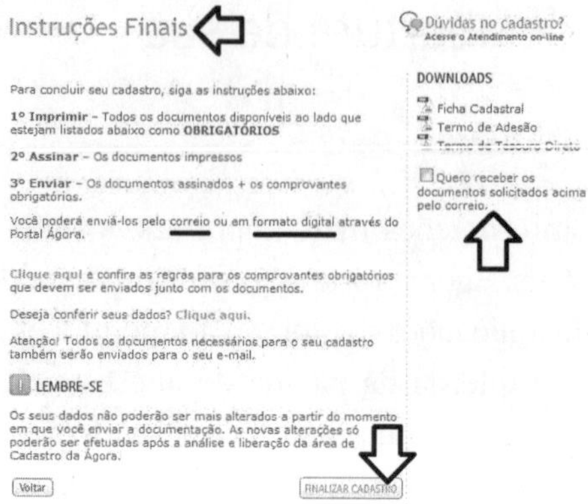

- Ficha Cadastral
- Termo de Adesão
- Termo de Tesouro Direto

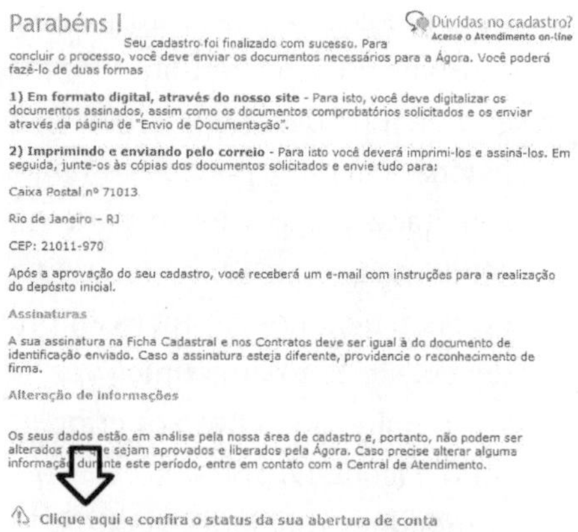

Pressione o botão *Finalizar Cadastro* ao final da página e veja a mensagem de conclusão dessa etapa, com instruções detalhadas sobre as formas possíveis para fazer o envio da documentação à Ágora.

Se clicar no link ao final da página — *Clique aqui e confira o status da sua abertura de conta* —, verá a mensagem informando que a Ágora agora aguarda sua documentação.

Quando concluir o envio, a Ágora lhe enviará um e-mail de boas-vindas com instruções para acessar sua conta recém-aberta, o que normalmente ocorre de um dia para o outro.

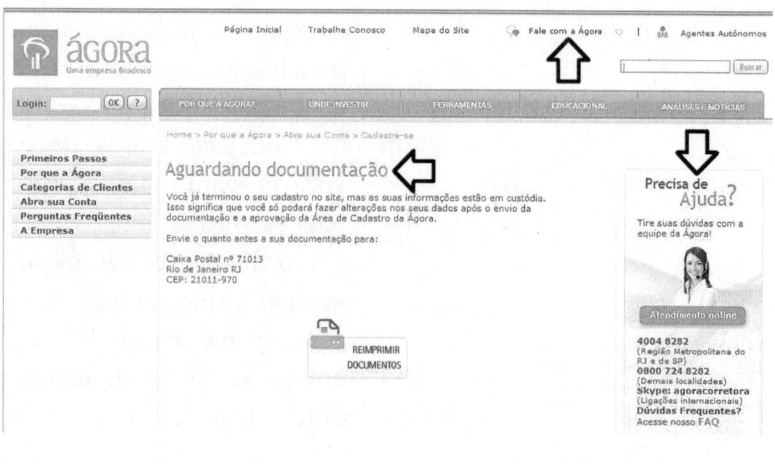

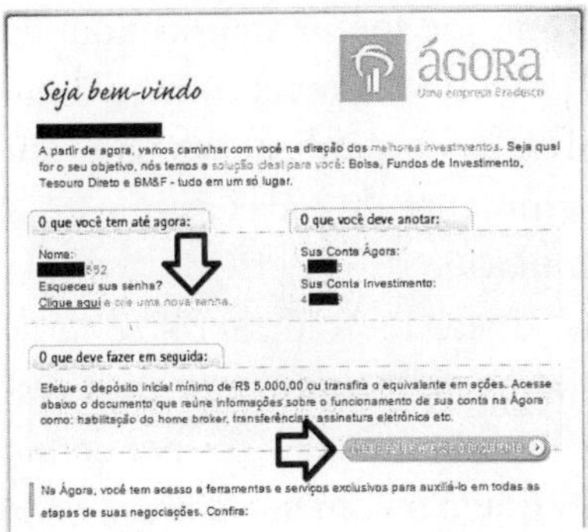

Talvez alguém da equipe Ágora ligue para você apenas para confirmar as informações fornecidas. Não forneça novas informações por telefone nesse momento e, se desconfiar que não se trata de um profissional da Ágora, interrompa a ligação e faça contato com a Central de Atendimento (uma ocorrência desse tipo não é provável, mas não custa prezar por sua segurança).

Senha, login, assinatura eletrônica e cesta de produtos Ágora

Por razões de segurança, quando fizer o primeiro acesso a sua conta na Ágora, não se esqueça de trocar sua *senha* de acesso ao site. Já quanto ao seu *login*, esse código poderá permanecer o mesmo que você havia escolhido quando do preenchimento de seu cadastro.

No entanto, antes de iniciar suas aplicações, você ainda deverá cadastrar sua *assinatura eletrônica*, um código com três letras e quatro números (diferente de seu login e de sua senha de acesso), que será necessário para autorizar qualquer operação de compra ou venda de títulos públicos ou ações no site. Esse número é absolutamente sigiloso e deve ficar exclusivamente sob sua guarda. Com login e senha qualquer pessoa pode acessar sua conta na Ágora, mas não poderá fazer movimentações sem a assinatura eletrônica.

Um esclarecimento: antes de poder cadastrar sua assinatura eletrônica, quando fizer seu primeiro acesso a sua nova conta na Ágora, você será automaticamente direcionado a preencher um formulário de *Análise de perfil de investidor*. Esse preenchimento, apesar de representar mais uma etapa no processo de abertura de sua conta, é até bem rápido e não pode ser descartado, por exigência da CVM.

Responda as perguntas na sequência em que forem aparecendo, da forma mais honesta possível, mas não se preocupe demais com qual poderia ser a resposta exata, pois isso não afetará suas aplicações na prática. O mais importante é realizar o preenchimento de todas as questões e chegar logo à tela de conclusão do formulário.

Você verá que, ao final das perguntas, o site lhe indicará a *cesta de produtos Ágora* recomendada para o seu perfil, de acordo com suas respostas para as questões de múltipla escolha apresentadas. Dependendo das escolhas que você terá feito, é possível que a recomendação de cesta de produtos apresentada não contenha tudo que realmente você deseja, porque as perguntas eram preformatadas, e não necessariamente ajudam você a encontrar *seu verdadeiro perfil de investidor* (para esse objetivo, siga as instruções do Capítulo 1 deste livro e estará bem orientado).

Sem problemas: bastará pressionar o botão *Incluir outros Produtos Ágora* na tela de fechamento do formulário (o site lhe indicará automaticamente como fazê-lo) e garantir que estejam selecionadas pelo menos essas duas opções: *Tesouro Direto* (para poder negociar títulos públicos) e *Mercado à vista* (para poder comprar e vender ações).

Na tela de escolha de outros produtos Ágora você encontrará o seguinte alerta: "Qualquer alteração será de sua responsabilidade". Essa frase é uma "necessidade legal" do site da corretora. Fique tranquilo: você sabe muito bem por que deseja negociar títulos públicos e ações de boas empresas brasileiras, e sabe que vai fazê-lo de forma dinâmica porém segura, sem correr riscos desnecessários.

Dúvidas? Conte com a ajuda da equipe Ágora da forma que preferir

Para esclarecer quaisquer dúvidas, veja ao lado direito da página *Aguardando documentação* a caixa *Precisa de ajuda?*, que apresenta os meios de contato com a **Central Ágora**:

Outra forma de acessar a Central Ágora é clicar no link *Fale com a Ágora* que fica permanentemente na testeira principal do site:

Como você vê, não tem como dar errado! Mas se por acaso tiver alguma dificuldade, é só esclarecer com o pessoal da Ágora: você ficará positivamente surpreso com a agilidade e a eficácia dos atendentes, seja pelo meio que for. (Pelo menos, essa é a minha impressão como cliente dessa competente corretora de valores.)

A Ágora oferece a seus clientes um site muito rico, trazendo inclusive ferramentas bastante interessantes e informações específicas para o investidor de perfil *dinâmico alavancador*. Esse conteúdo não será explorado neste livro, que tem foco voltado para os aplicadores em Tesouro Direto e Home Broker com perfil *dinâmico construtor*.

CAPÍTULO 5

SELECIONANDO TÍTULOS PÚBLICOS COM LIQUIDEZ E SEGURANÇA

Conheça melhor os fundamentos das LTNs, NTNFs, NTNBs e LFTs

Agora que sua conta na corretora de valores já está aberta, você está a um pequeno passo de começar suas aplicações mais dinâmicas em títulos públicos. Mas antes preciso que você entenda alguns conceitos sobre o canal Tesouro Direto e a Dívida Pública Federal brasileira (DPF), para que tudo seja providenciado com muito conhecimento e muita segurança.

Para sermos bem práticos, o que é o Tesouro Direto?

Como já pudemos ver, o Tesouro Direto é um programa de compra e venda de títulos públicos para pessoas físicas desenvolvido pela Secretaria do Tesouro Nacional em parceria com a Companhia Brasileira de Liquidação e Custódia (CBLC). A proposta do Tesouro Direto é oferecer *títulos públicos de renda fixa* (seja pré-fixada ou pós-fixada) diretamente para compra por parte de investidores pessoas físicas. Antes do Tesouro Direto, somente instituições financeiras e empresas podiam adquirir esses títulos, mas desde 2002 qualquer pequeno ou médio investidor pode fazê-lo por valores de aplicação muito baixos (a partir de R$ 200,00, ou até menos, no caso de alguns títulos), com segurança e praticidade, diretamente pela internet.

Portanto, os ativos financeiros que se pode comprar ou vender por meio do Tesouro Direto são títulos da *Dívida Pública Federal brasileira*. É importante que você entenda o que vem a ser um título desses na sua forma elementar, de onde emana sua segurança, sua rentabilidade e liquidez, antes que possa conhecer detalhes sobre os diferentes tipos de títulos entre os quais se pode escolher no Tesouro Direto (LTNs, NTNFs, NTNBs e LFTs).

A Dívida Pública Federal pode ser um ótimo investimento para você

Para começar, vamos entender o que é a própria Dívida Pública Federal brasileira, que dá origem aos títulos do Tesouro Direto, essa modalidade de aplicação financeira dinâmica à qual você irá confiar suas economias. O governo central do Brasil arrecada dinheiro com tributos para financiar suas diversas atividades de prestação de serviço aos cidadãos, mas, ainda assim, também recorre aos investidores do mercado financeiro para captar mais dinheiro, constituindo aquilo que se chama de Dívida Pública Federal.

Esse é um procedimento normal em qualquer país do globo, porque governos têm de fazer gigantescos investimentos públicos, aplicando muitos bilhões (de suas respectivas moedas) em empreendimentos que deverão beneficiar seus cidadãos por vários anos. Pense no caso típico da construção de uma usina hidrelétrica, uma grande ponte ou uma extensa rodovia. Por isso, é justificável que se faça a dívida pública para levantar ou complementar o enorme capital necessário para o financiamento desses importantes projetos públicos de grandíssimo porte. Diferentemente do que se pode dizer para as pessoas comuns, que normalmente se endividam para consumir, é bastante aceitável que governos tenham dívidas, desde que elas sejam bem administradas e mantidas sob controle.

Quem financia a DPF brasileira é quem aplica nos títulos públicos

Pessoas e empresas que têm dinheiro disponível e não pretendem consumi-lo em compras e gastos nos próximos meses ou anos podem emprestá-lo ao governo brasileiro para financiar seus investimentos. Em contrapartida, o governo colocará em suas mãos títulos da Dívida Pública Federal e os detentores desses títulos se tornarão investidores desses títulos, sendo remunerados a uma taxa pré-negociada entre ambos, seja de forma *pré-fixada* (tudo 100% combinado no início) ou *pós-fixada* (os parâmetros são combinados no momento da aplicação, mas os números exatos em cifrões são fechados apenas no momento do resgate).

No passado, esses títulos tinham uma existência física: eram impressos em *papéis* até muito bonitos, feito cédulas de dinheiro (daí ainda serem chamados dessa maneira no jargão do mercado). Hoje os títulos são "apenas" registros eletrônicos, como, aliás, já acontece com praticamente qualquer dimensão de nossa vida financeira.

Aqui, faço um rápido aparte: atente para o fato de que não apenas os títulos públicos são virtuais/eletrônicos, mas toda a nossa movimentação financeira já é virtual, e nem por isso nos sentimos inseguros quanto a nossos direitos e deveres financeiros. O que deve contar não é o papel, mas a seriedade das instituições que estão por trás de nossos números financeiros. Aplicar em títulos públicos é uma situação muito similar a quando se investe em Certificados de Depósito Bancário (CDBs) de qualquer banco brasileiro, que também tem de fazer dívida no mercado para levantar o dinheiro que emprestará a seus correntistas. Por razões históricas, muitos brasileiros já investiram ou investem em CDBs, mas ainda não têm aplicações em títulos da Dívida Pública Federal, que são até mais seguros, mas isso é uma questão de tempo.

Os títulos da DPF brasileira são verdadeiramente seguros?

Para compreender de onde vem a segurança dos títulos da Dívida Pública Federal brasileira, é necessário conhecer o perfil dessa dívida e ter alguns parâmetros de mercado para avaliá-la corretamente. O estoque total da dívida nacional fechou dezembro de 2010 em R$ 1,694 trilhão, ou seja, mais de um trilhão de reais! Isso pode parecer uma enormidade de dinheiro — e de fato é. Mas daí não se deve deduzir que o governo brasileiro seja um devedor contumaz e que, como todo devedor crônico, talvez um dia não consiga pagar suas dívidas e seja obrigado a dar calote em quem comprou seus títulos.

Essa seria um interpretação equivocada, um preconceito nocivo que poderia afastar seu dinheiro de uma oportunidade muito segura e rentável de aplicação financeira. A melhor maneira de interpretar esse número trilionário que traduz o tamanho da DPF brasileira é referenciá-lo em algum outro número importante da nossa economia. Também podemos compará-lo com números das dívidas públicas de outros países, por exemplo, para conferir como estamos nesse aspecto em nível global.

O Produto Interno Bruto (PIB) do Brasil (soma de todas as riquezas produzidas no país em um ano) fechou 2010 em R$ 3,675 trilhões. Fazendo as contas, observamos que a DPF brasileira não chega a atingir 50% do nosso PIB (essa relação dá 46%, para sermos mais exatos). Nossa relação dívida/PIB revela uma proporção bastante comedida, indicando que a dívida do governo central do Brasil é baixa se comparada à capacidade que o país tem de gerar riqueza para saldá-la. Se tomarmos os outros nove países do globo que compõem a lista das dez economias mais pujantes do planeta, observaremos que *todos* os demais têm uma relação DPF/PIB (bem) superior à do Brasil.

Nos Estados Unidos, por exemplo, apesar de terem um PIB cerca de 10 vezes maior que o nosso, essa relação fica em praticamente 100%, ou seja, a DPF americana é 20 vezes mais volumosa que a brasileira. Concluímos, portanto, que o governo federal brasileiro tem uma dívida pública até que bem modesta para os padrões mundiais.

A DPF brasileira não estaria talvez exposta demais a crises globais?

Outro aspecto que vale notar é o da distribuição da DPF brasileira entre os diversos tipos de títulos que formam essa dívida, e essa composição é bastante equilibrada. Primeiro, é interessante separar o quanto da dívida pública brasileira é devida *aqui dentro* e o quanto é devida *no exterior*. Assim, podemos perceber até que ponto nosso governo está na dependência de financiamento externo para rolar sua dívida pública, o que é sempre uma ameaça em potencial à soberania econômica de um país.

Pois bem: a parcela da Dívida Pública Mobiliária Federal Interna (DPMFI) fechou o ano passado em R$ 1,604 trilhão. Já a Dívida Pública Federal Externa (DPFE) encerrou o ano passado em R$ 90,1 bilhões, com redução de 9% se comparada a dezembro de 2009. Essas contas deixam claro que a dívida externa brasileira mal passa de 5% do total da dívida pública e, com relação a nosso PIB, não alcança sequer 2,5%.

Novamente, em um país como os Estados Unidos, essa proporção é de quase 100%! Isso significa que o governo brasileiro praticamente não deve dinheiro no exterior. Portanto, a exposição da nossa dívida pública a flutuações na economia global é desprezível, e esse dado comprova a forte capacidade de financiamento interno do governo brasileiro, um invejável diferencial competitivo no instável mundo globalizado atual. Essa particularidade da nossa DPF confere enorme tranquilidade aos investidores que estiverem dispostos a aplicar em seus títulos.

Observe que essas configurações da DPF podem variar ao longo do tempo. Em algum momento do 1º trimestre de cada ano, os jornais sempre divulgam esses números atualizados para o fechamento do ano anterior. Uma vez que já está familiarizado com esse assunto, você pode acompanhar anualmente pelos jornais as evoluções da Dívida Pública Federal brasileira.

Analisando os dados de que dispomos hoje, o que fica patente é a inegável *solidez* da nossa DPF, que é relativamente pequena, bem distribuída, pouco exposta às flutuações nas finanças globais, alongada e, portanto, muito sólida. Isso tudo se traduz em uma importantíssima característica para o potencial investidor em títulos públicos por meio do Tesouro Direto: enorme segurança.

Tesouro Direto: como o nome diz, *é com você*, não com seu banco

Agora você já sabe que, como *devedor*, o governo brasileiro é excelente *pagador*, ou seja, ele oferece a quem confiar suas economias nos títulos da dívida pública:

- Muito boa *rentabilidade*: um terço a mais de rentabilidade líquida real mensal que a caderneta de poupança, o que pode fazer seu capital de investimento multiplicar várias vezes no acumulado dos meses e anos.

- Grande *segurança*: certeza quase absoluta de pagamento aos aplicadores detentores de títulos públicos.
- *Liquidez* semanal: leilões às quartas-feiras (como veremos adiante).

Temos aí uma excelente oportunidade de realizar aplicações mais dinâmicas, para quem ao menos estiver disposto a investir um pouco de tempo para aprender como a coisa funciona na prática.

No Tesouro Direto existem cinco diferentes tipos de títulos federais, agrupados em *três principais conjuntos*, conforme seu critério particular de rentabilidade:

Pré-fixados: LTNs e NTNFs.
Indexados ao IPCA: NTNBs (dois tipos: principal e "simples").
Indexados à taxa Selic: LFTs.

Não se deixe confundir com essa pitoresca "sopa de letrinhas". Cada sigla tem seu significado e sentido de ser. Confesso que, na primeira vez em que tomei contato com os títulos públicos brasileiros, também levei um tempo para identificar suas peculiaridades e me familiarizar com cada um. Depois, como você verá, será bem fácil lembrar-se deles.

Títulos do Tesouro Direto: parecidos no geral, mas bem peculiares nos detalhes

A seguir, apontarei similaridades importantes entre esses cinco títulos, bem como diferenças relevantes. Costumo dizer que são como irmãos de uma mesma nobre família: dividem basicamente a mesma ilustre origem, mas cada título tem particularidades que lhe conferem personalidade (e aplicabilidade) própria. Todos os títulos do Tesouro Direto apresentam os mesmos padrões elevados de *segurança* e *liquidez*, sendo basicamente indicados para quem deseja obter *rentabilidade diferenciada* em suas aplicações com maturação de *médio prazo* (25 a 60 meses/

dois a cinco anos). No entanto, cada título tem sua própria configuração em termos de:

Métrica de rentabilização: quanto e como paga.
Prazo de maturação: quando vence.
Valor do título: quanto custa e valor mínimo para compra.

Enquanto as duas primeiras características dos títulos públicos indicam a *rentabilidade líquida acumulada* que se pode esperar da aplicação em cada tipo, o terceiro fator indica o valor mínimo desembolsado pelo investidor com a aplicação em cada papel, definindo o quão acessível cada título do Tesouro Direto pode ser para o pequeno investidor. Por isso, conforme cada sonho que se deseje concretizar, conforme cada perfil identificado para cada plano de investimentos, um título público pode ser mais indicado que o outro, mesmo dentro de metas com idêntico prazo de realização. Conhecer os títulos do Tesouro Direto "na intimidade" possibilitará a você fazer a seleção mais adequada.

Todos os títulos do Tesouro Direto são de renda fixa e, portanto, muito seguros

Além do aval de credibilidade do Tesouro Nacional, a mais notável característica em comum entre os cinco títulos do Tesouro Direto é que todos são de *renda fixa* (seja *pré-fixada* ou *pós-fixada*, mas sempre renda *fixa*). Qualquer desses cinco títulos se compromete a pagar ao aplicador uma determinada rentabilidade que é previamente pactuada entre governo e investidor, sendo fechada no momento da compra do título. A métrica de rentabilização de qualquer título público é sempre fixada no momento da aplicação.

Daí, no momento futuro da liquidação natural do título, o dinheiro retornará para sua conta com o acréscimo da exata rentabilidade fixada no ato da compra, e você poderá empregá-lo na realização do sonho que havia planejado, pois essa é precisamente a conduta do investidor com perfil *dinâmico construtor*, aquele que investe em títulos do Tesouro Direto como uma maneira dinâmica de obter rentabilidade diferenciada, mas preservando total segurança e conservando um nível de liquidez confortável, como veremos a seguir.

A liquidez semanal do Tesouro Direto tranquiliza seus investidores

Se o aplicador, por acaso, não puder (ou não quiser) esperar atingir o prazo de vencimento natural do(s) título(s) federal(is) que comprou, é possível desfazer-se dele(s) a qualquer momento, embolsando o dinheiro no ato da venda.

A fim de conceder liquidez aos títulos públicos adquiridos no Tesouro Direto, o Tesouro Nacional realiza recompras semanais, entre 9 horas das quartas-feiras e 5 horas das quintas-feiras. Assim, em toda quarta-feira existe uma espécie de "feirão" dos títulos públicos federais, um grande leilão no qual os investidores cadastrados (pessoas físicas ou jurídicas que têm contas em corretoras de valores) podem comprar ou vender esses títulos ao mercado, ou seja, por um preço livremente estabelecido pelos investidores naquele dia. Essa liquidez semanal confere bastante tranquilidade ao aplicador do Tesouro Direto, que não ficará amarrado em suas aplicações nos títulos públicos. Caso seu plano de investimentos tenha de ser revertido em função de alguma mudança de rota emergencial, poderá liquidar sua posição e recuperar suas economias a qualquer momento.

Não é recomendável que isso ocorra, porque um bom plano de investimentos é feito justamente para ser executado até a conclusão planejada, garantindo a concretização do grande sonho de compra e consumo que, para início de conversa, deu origem à meta de acumulação que rege o plano. Isso é realização *de fato*! No entanto, como ninguém está livre de imprevistos, poder contar com a liquidez semanal do Tesouro Direito é sempre reconfortante.

Tesouro Direto é renda fixa, mas também pode ser renda variável

Aqui entra uma intrigante característica do Tesouro Direto: todos os títulos são de renda fixa, mas quem optar por se desfazer de um título em qualquer leilão semanal, antes de chegar seu vencimento natural, poderá apurar uma valorização distinta daquela originalmente esperada, maior ou menor, podendo até mesmo ser *negativa* (= perda para o aplicador). Na prática, isso quer dizer que há no Tesouro Direto um certo componente de *renda variável*, embora lá se negociem somente papéis que, na sua origem, são estritamente conservadores, todos de *renda fixa*. Vejamos o exemplo do ocorrido com uma determinada LTN, um título com rentabilidade totalmente pré-fixada, ou seja, quando você o compra, sabe exatamente (tanto em porcentagem quanto em cifrões) o quanto ganhará com ele.

Em meados de maio de 2010, a LTN 010113, com vencimento programado para 1° de janeiro de 2013, oferecia uma rentabilidade pré-fixada de 12,69% brutos ao ano. Esse ganho, quando convertido em rentabilidade bruta *mensal* (com os devidos cálculos de matemática financeira), resulta em 1% ao mês. Realizando as devidas deduções de taxas e de IR sobre esse 1% bruto mensal, chegamos a uma rentabilidade *líquida* mensal de 0,81%. Até aí, tudo certo, sabemos que essa será a rentabilidade realmente embolsada por quem comprar e segurar essa LTN 010113 até seu vencimento natural em 1° de janeiro de 2013. Mas e quem decide vendê-la antes disso?

Quem não fizer bom uso da liquidez semanal do Tesouro Direto pode se dar mal

Veja esta situação ocorrida no 1° semestre de 2010. Aconteceu que, nos leilões dos títulos públicos oferecidos a mercado, o aplicador que comprou essa LTN logo no começo de abril de 2010 e revendeu o título no final do mês (*antes* do vencimento natural do papel), tendo, portanto, aplicado nela por um único mês (abril/2010), havia apurado uma chocante *perda* de –0,28% em sua aplicação naquele mês. Isso é possível? Onde já se viu perder dinheiro ao investir em uma aplicação de renda fixa? Será que todo aplicador do Tesouro Direto está correndo um risco absurdo desses sem saber? E essa infelicidade acomete somente as LTNs, ou todos os demais títulos públicos?

Um movimento como esse é perfeitamente possível de ocorrer com qualquer título negociado por meio do Tesouro Direto, mas fique tranquilo, pois não se trata de um fenômeno que aflige *todos* os aplicadores, muito menos os investidores de perfil dinâmico construtor, como explicarei a seguir.

Especular com títulos é para o *alavancador*, não para o *construtor*

Considerando que uma LTN tem rentabilidade 100% pré-fixada, por que houve essa perda para os aplicadores naquele mês de abril de 2010? Primeiramente, saliento que a perda ocorreu somente para quem *negociou* o título naquele mês específico, comprando o papel no início do mês e *vendendo-o de fato* após 30 dias, no curtíssimo prazo. Esse fenômeno em nada afetou quem comprou e manteve esse título em sua carteira de aplicações, a despeito de quaisquer flutuações no valor de mercado que possam ter ocorrido durante o mês.

O que se passou foi que, especificamente naquele mês de abril de 2010, a maior parte dos investidores do mercado que normalmente compram e vendem títulos a curtíssimo prazo (os alavancadores), em função das últimas notícias macroeconômicas, refizeram suas análises e passaram a formar a expectativa de que os juros básicos do país poderiam ser substancialmente aumentados nos próximos dois ou três anos, prazo compatível com o vencimento natural dessa LTN pré-fixada.

Se esse movimento fosse confirmado (como de fato veio a ser), isso tornaria essa LTN menos atraente para o aplicador de perfil alavancador, por causa de sua rentabilidade predefinida (rígida) em um cenário de juros em elevação. Na visão do alavancador, ele poderia lucrar mais com outro tipo de título que, por ter uma regra de rentabilização pós-fixada, pudesse se beneficiar melhor dos juros básicos em ascensão, como as LFTs, títulos indexados à taxa Selic.

Por isso, naquele mês de abril de 2010 muitos alavancadores venderam intensamente LTNs 010113 que traziam em carteira, para poderem comprar LFTs em substituição. Pela lei do livre mercado, quando a oferta de um bem aumenta demais, o preço cai para regular a nova relação de oferta *versus* demanda.

Foi justamente o que aconteceu naquele mês com essa LTN 010113, fazendo seu preço a mercado baixar tanto que, na negociação a mercado daqueles 30 dias específicos, mesmo sendo um ativo financeiro tão seguro e de tão elevada solidez, o título apresentou rentabilidade negativa para quem entrou e saiu dele dessa forma, no curtíssimo prazo.

Oscilações de curto prazo no Tesouro Direto não devem preocupar o *construtor*

Convém ressaltar que essa oscilação que citei como exemplo não afetou em *absolutamente nada* a rentabilidade pré-fixada almejada por quem selecionou e comprou essa LTN 010113, com prazo de maturação para 1º de janeiro de 2013, enxergando nela a melhor alternativa de aplicação para um plano com prazo de realização no início de 2013. Quem aplicou nesse título com a intenção de segurá-lo em sua carteira até o vencimento programado garanti precisamente os 12,69% pactuados de rentabilidade bruta anual (equivalentes a rentabilidade bruta de 1% ao mês e líquida de 0,81% ao mês).

Eu poderia seguir analisando casos dessa natureza ocorridos com outras LTNs e com os demais títulos do Tesouro, no entanto, todos os casos de "perda" no Tesouro Direto nos levariam à mesma moral da história: para o investidor *alavancador*, um título do Tesouro Direto pode acabar sendo de *renda variável*, bastando negociá-lo antes do final de seu prazo natural de maturação. Já para o investidor *construtor*, quaisquer títulos da dívida pública serão sempre de *renda fixa*, com perfil de risco absolutamente conservador, pagando-lhe exatamente o que havia sido contratado no momento da aplicação, faça chuva, faça sol.

Títulos do Tesouro Direto são ótimos, mas só quando focados em bons planos

Investir por si só não tem a menor graça: só se investe o dinheiro que se poupa, só se poupa o dinheiro que não se gasta, e o que tem graça é *gastar o dinheiro*, única forma de extrair dele o padrão de qualidade de vida que desejamos ter. É para isso que trabalhamos e ganhamos. Se for investir só por investir, a coisa fica desestimulante, ou talvez até pior: para o "jogo do mercado financeiro" ficar excitante, o aplicador acaba indo atrás de operações com promessa de rentabilidade exuberante e sedutora, mas que invariavelmente resultam em amargas perdas e frustração.

Quem vive do salário simplesmente não pode dar a seu dinheiro um destino desses, mas é claro que investir é preciso, porque todos cultivam grandes sonhos que, por seu valor elevado, não cabem no orçamento de um único mês. Nossos maiores sonhos de compra e consumo precisam ser parcelados, distribuídos por um determinado número de meses (prazo de realização) que torne o esforço poupador viável. O desafio é transformar um grande sonho em uma mensalidade que caiba em nossa capacidade de poupança mensal. Aqueles R$ 18 mil a serem gastos na viagem internacional dos seus sonhos é algo bastante pesado, mas distribuir isso em 24 mensalidades de R$ 750,00 já é bem mais viável. Direcionando a mensalidade para uma boa aplicação, os juros ganhos sobre juros ajudarão a conquistar seu sonho mais rápido e com menor sacrifício, promovendo a multiplicação do capital investido.

Aqueles R$ 750,00 aplicados em títulos públicos, rendendo 0,80% ao mês, resultarão em quase R$ 20 mil após dois anos, praticamente R$ 2 mil a mais para gastar com suas compras no exterior!

Concluo que os títulos do Tesouro Direto podem ser excelentes opções para quem tiver bons planos de investimentos — mais especificamente, para quem tiver planos de investimentos com *prazo de realização* de 25 a 60 meses, ou seja, de dois a cinco anos. Em nossa categorização de faixas de prazos indicados para as aplicações financeiras, isso equivale ao *médio prazo*.

CAPÍTULO 6

PAINEL PARA ESCOLHA RÁPIDA DOS TÍTULOS DO TESOURO DIRETO

Resumo prático para tomar a decisão de qual título público comprar

Agora que você já tem conhecimento dos fundamentos que conferem aos títulos públicos excelente segurança e ótima liquidez, está na hora de saber escolher — no detalhe — entre os melhores títulos para fechar sua decisão de aplicação e logo realizar suas compras pela internet. A seguir, apresento um painel de informações objetivas para a comparação direta dos diferentes títulos, visando ajudá-lo a fechar sua escolha final entre os três principais grupos de papéis disponíveis para compra no Tesouro Direto:

Pré-fixados: LTNs e NTNFs.
Indexados ao IPCA: NTNBs (dois tipos: principal e "simples").
Indexados à taxa Selic: LFTs.

Neste capítulo você também encontrará algumas dicas práticas para o melhor casamento entre suas economias e suas aplicações em títulos públicos, pequenos problemas ou desafios com os quais você certamente irá se deparar em seu dia a dia como investidor do Tesouro Direto e como resolvê-los com tranquilidade.

LTNs e NTNFs: principais pontos a analisar para uma escolha rápida

A **Letra do Tesouro Nacional (LTN)** é um título público com rentabilidade totalmente pré-fixada, ou seja, o ganho que o aplicador terá no vencimento de uma LTN é 100% conhecido (em porcentagem e em cifrões) no ato da compra desse título. As LTNs oferecem **rentabilidade bastante diferenciada** diante das modalidades mais convencionais de aplicações comparáveis a elas, como caderneta de poupança, FIFs Renda Fixa e CDBs pré-fixados. Com taxa Selic ao nível de 12% a 13% ao ano, esses títulos públicos têm potencial de pagar a seus aplicadores as seguintes rentabilidades:

Rentabilidade líquida nominal *mensal*: 0,20% a mais, ou um terço a mais (**0,80% LTNs** *contra* 0,60% convencionais).
Rentabilidade líquida *real* mensal: cerca de *200% a mais* (**0,30% LTNs** *contra* 0,10% convencionais).
Rentabilidade líquida real *acumulada*: *muitas vezes mais* (tanto mais quanto maior for o prazo de acumulação).

Conforme a **métrica de rentabilização** das LTNs, esses títulos públicos são especialmente recomendados para o **investidor que deseja se aproveitar dos elevados juros vigentes** e acredita em uma possível queda futura dos juros básicos brasileiros (taxa Selic). Em termos de **faixa de prazo indicada** para aplicar em LTNs, recomendo o **médio prazo (25 a 60 meses/dois a cinco anos)**, talvez até mesmo no curto prazo (entre um e dois anos).

Quanto ao **prazo de maturação** das LTNs, em meados de 2011 essas letras eram oferecidas com vencimento nos anos de 2013, 2014 e 2015. Portanto, são mais indicadas para planos de investimentos com **prazos de resgate em um ano e meio, dois anos e meio e três anos e meio**. Esses prazos costumam corresponder à realização de **sonhos** mais imediatos, como fazer uma grande viagem, comprar um carro ou trocar o seu atual, ou, então, reunir uma boa reserva para o seu casamento. No tocante ao **valor do título para compra**, em meados de 2011 o investidor que tinha planos de investimentos com **mensalidade entre R$ 130,00 e R$ 170,00** já poderia direcionar suas aplicações para LTNs.

Quase idênticas, as Notas do Tesouro Nacional – Série F (**NTNFs**) podem ser uma opção mais adequada para quem já está aposentado e precisa **gerar um fluxo de renda contínuo** (resgate de juros). Isso funciona bem para quem tem um valor para investir e quer receber os juros periodicamente. As NTNFs têm prazo de vencimento mais longo: em meados de 2011 eram oferecidas ao mercado a NTNF 010117 (vencimento em cerca de seis anos) e a NTNF 010121 (para daí a quase dez anos).

Você encontrará informações mais detalhadas sobre as LTNs e as NTNFs no site www.oplanodavirada.com.br. Entre na área **Investimentos à Prova de Crise** e encontre o *Kit de Ferramentas* disponível para baixar de forma gratuita. Este kit inclui o estudo **Radiografia Completa dos Títulos do Tesouro Direto**, abordando em detalhes cada um dos três principais grupos de títulos públicos disponíveis no Tesouro Direto: **Prefixados** (LTNs e NTNFs), **Indexados ao IPCA** (NTNBs – dois tipos, principal e "simples") e **Indexados à taxa Selic** (LFTs).

NTNBs: principais aspectos a considerar para uma seleção imediata

A **Nota do Tesouro Nacional – Série B Principal (NTNB Principal)** traz rentabilidade indexada à variação do Índice de Preços ao Consumidor Amplo (IPCA), mais uma determinada porcentagem de *juros pré-fixados*, conforme taxa anual conhecida no ato da compra. As NTNBs Principais podem lhe pagar uma **rentabilidade muito diferenciada** em comparação com as opções mais convencionais de aplicações. Com taxa Selic ao nível de 12% a 13% ao ano, e inflação em torno de 6% a 6,5% ao ano, esses títulos públicos podem chegar à seguinte remuneração:

Rentabilidade líquida nominal *mensal*: 0,20% a mais, ou um terço a mais (**0,80% NTBs Principais** *contra* 0,60% demais).
Rentabilidade líquida *real* mensal: cerca de *200% a mais* (**0,30% NTNBs Principais** contra 0,10% convencionais).
Rentabilidade líquida real *acumulada*: *muitas vezes mais* (tanto mais quanto maior for o prazo de acumulação).

Conforme a **métrica de rentabilização** das NTNBs, fica óbvio que são particularmente recomendadas ao **investidor que quer se proteger na elevação da inflação brasileira nos próximos anos** e, assim, deseja se proteger desse mal que corrói o poder de compra de suas reservas financeiras.

Em termos de **faixa de prazo indicado** para aplicações em NTNBs Principais, fique no **médio prazo (25 a 60 meses/dois a cinco anos)**, talvez o longo (acima de 5 anos), jamais o curto (abaixo de dois anos), para dar chance a suas aplicações de se beneficiarem da menor alíquota de IR. Quanto ao **prazo de maturação** dessas NTNBs Principais, em meados de 2011 essas notas eram oferecidas com vencimento para 2015, 2024 e 2035. Acabam, portanto, sendo adequadas para planos de investimentos com **prazos de realização em 4, 13 e 24 anos**.

Para **sonhos mais rápidos,** que caibam no médio prazo (como fazer uma grande viagem, trocar de carro ou casar), em meados de 2011 só havia a opção da NTNB Principal 150515, com maturação para quatro anos. Para **sonhos mais elaborados**, com realização a longo prazo (como comprar um imóvel à vista, bancar a faculdade dos filhos ou garantir o pé-de-meia da aposentadoria), também eram ofertadas as NTNBs Principais 150824 e 150535, com vencimento em torno de 13 e 24 anos.

Quanto ao **valor dos títulos para compra**, em meados de 2011 as NTNBs Principais 150515 tinham preço unitário de R$ 1.602,51 (= R$ 320,50 à fração de 20%), algo acessível para o aplicador com planos de investimentos trazendo **mensalidades a partir de R$ 320,00**. Note a oferta da **NTNB Principal 150535** com preço de compra de R$ 510,62, ou **R$ 102,12 à fração de 20%**: para ninguém dizer que o Tesouro Direto não é acessível ao pequeno investidor!

De maneira similar à NTNB Principal funciona a **NTNB "simples"**, só que pagando juros semestrais. É bom para quem deseja acumular um estoque de títulos para sua aposentadoria e **derivar uma renda periódica** (semestral). Coerentemente com essa sua vocação natural, repare que há uma NTNB com **prazo de maturação de mais de 30 anos**, a NTNB 150545, embora também sejam oferecidas NTNBs com prazos longos, porém menos distantes: 2020, 2024 e 2035.

Existem no Tesouro Direto inclusive NTNBs com prazos de vencimento bem mais curtos, para 2015 e 2017, para o eventual caso de uma pessoa que precise viver de renda apenas por alguns anos (durante a realização de estudos acadêmicos, por exemplo), sem dilapidar seu patrimônio (só que, para isso ser possível, é necessário já ter uma boa reserva inicial).

Você encontrará informações mais detalhadas sobre as NTNBs Principais e NTNBs no site www.oplanodavirada.com.br. Entre na área **Investimentos à Prova de Crise** e encontre o *Kit de Ferramentas*, que inclui o estudo **Radiografia Completa dos Títulos do Tesouro Direto**, abordando em detalhes cada um dos três principais grupos de títulos públicos disponíveis no Tesouro Direto, inclusive os **Indexados ao IPCA** (NTNBs – dois tipos, principal e simples).

LFTs: principais pontos a avaliar para uma decisão instantânea

A remuneração de uma Letra Financeira do Tesouro (LFT) é dada pela variação da taxa Selic até o vencimento desse título. Se a taxa Selic, por exemplo, se mantivesse no patamar acima de 12% ao ano (no qual estava em meados de 2011) desde a compra de uma LFT até sua maturação, essa seria a rentabilidade bruta para o aplicador nesse título: cerca de 1% ao mês.

As LFTs podem lhe oferecer **rentabilidade substancialmente diferenciada** diante das modalidades convencionais de aplicações compatíveis, como os FIFs Referenciados DI ou os CDBs pós-fixados. Com taxa Selic ao nível de 12% a 13% ao ano, esses títulos podem lhe pagar:

Rentabilidade líquida nominal *mensal*: 0,20% a mais, ou um terço a mais (**0,80% LFTs** *contra* 0,60% convencionais).
Rentabilidade líquida *real* mensal: cerca de *200% a mais* (**0,30% LFTs** contra 0,10% convencionais).
Rentabilidade líquida real *acumulada*: *muitas vezes mais* (tanto mais quanto maior for o prazo de acumulação).

Conforme a **métrica de rentabilização** particular das LFTs, fica óbvio que esses títulos públicos são indicados para o **investidor que acredita na alta dos juros básicos brasileiros** (taxa Selic). Note que essa crença é oposta àquela que aponta para a aplicação em LTNs, pois um eventual aumento na Selic fará com que todas as aplicações de renda fixa pré-fixada (como FIFs Renda Fixa, CDBs pré e as próprias LTNs) fiquem em desvantagem com relação às pós-fixadas (como as LFTs).

Em termos de **faixa de prazo indicada**, recomendo LFTs para planos de investimentos com *realização* no **médio prazo (25 a 60 meses/dois a cinco anos)**, talvez no longo prazo (acima de cinco anos), jamais no curto (abaixo de 2 anos), porque daí o imposto de renda incidente seria muito elevado. Quanto ao **prazo de maturação** das LFTs, em meados de 2011 essas letras eram oferecidas com vencimento para 2015 e 2017, sendo indicadas para planos de investimentos com **prazos de realização em três anos e meio e cinco anos e meio**, ou seja, um horizonte já pendendo para o longo prazo.

Mesmo considerando que esses prazos são mais esticados que os oferecidos pelas LTNs (os títulos mais "rápidos" do Tesouro Direto), ainda assim eles correspondem à realização de **sonhos** importantes de médio prazo, como fazer uma grande viagem, comprar um carro ou trocar seu atual, e ainda preparar-se para fazer um casamento em grande estilo. As LFTs são especialmente recomendadas para o pequeno ou médio investidor que está tocando vários planos de investimentos em paralelo e não deseja concentrá-los apenas em LTNs ou NTNBs Principais.

No que diz respeito ao **valor do título para compra**, talvez a LFT lhe apresente uma certa restrição, dependendo de sua capacidade de poupança mensal. Em meados de 2011, tanto a LFT 070315 quanto a LFT 070317 tinham preços unitários de R$ 4.770,36, o correspondente a uma fração ideal de 20% no valor de R$ 954,07, ou seja, **quase R$ 1 mil de aplicação**. Se não tiver essa disponibilidade mensal, mas ainda assim quiser aplicar em LFTs, o investidor terá de esperar dois meses ou mais para realizar a compra mínima dessas letras do Tesouro, o que pode valer a pena!

Você encontrará informações mais detalhadas sobre as LFTs no site www.oplanodavirada.com.br. Entre na área **Investimentos à Prova de Crise** e encontre o *Kit de Ferramentas*, que inclui o estudo **Radiografia Completa dos Títulos do Tesouro Direto**, abordando em detalhes cada um dos três principais grupos de títulos públicos disponíveis no Tesouro Direto, inclusive os **Indexados à taxa Selic** (LFTs).

Preços e taxas dos títulos disponíveis para compra ou venda no Tesouro Direto

Se deseja ter uma visão completa de todos os títulos que estão disponíveis para compra no Tesouro Direto a cada dia, vá ao site www.tesouro.fazenda.gov.br/tesouro_direto. Atualmente, esse é o endereço atualizado do site do Tesouro Direto. Na página principal, clique no botão **Preços e Taxas dos Títulos**. Isso é o que você deverá ver:

Preços e taxas dos títulos públicos disponíveis para compra

Título	Vencimento	Taxa(a.a.)		Preço Unitário Dia	
		Compra	Venda	Compra	Venda
Indexados ao IPCA					
NTNB Principal 150515	15/05/2015	6,73%	-	R$ 1.602,51	-
NTNB 150515	15/05/2015	6,73%	-	R$ 2.028,28	-
NTNB 150517	15/05/2017	6,62%	-	R$ 2.018,74	-
NTNB 150820	15/08/2020	6,58%	-	R$ 2.030,03	-
NTNB 150824	15/08/2024	6,32%	-	R$ 2.053,18	-
NTNB Principal 150824	15/08/2024	6,22%	-	R$ 936,02	-
NTNB 150535	15/05/2035	6,20%	-	R$ 2.031,27	-
NTNB Principal 150535	15/05/2035	6,04%	-	R$ 510,62	-
NTNB 150545	15/05/2045	6,05%	-	R$ 2.067,17	-
Prefixados					
LTN 010113	01/01/2013	12,75%	-	R$ 839,25	-
LTN 010114	01/01/2014	12,76%	-	R$ 743,83	-
LTN 010115	01/01/2015	12,73%	-	R$ 659,95	-
NTNF 010117	01/01/2017	12,59%	-	R$ 908,32	-
NTNF 010121	01/01/2021	12,46%	-	R$ 875,85	-
Indexados à Taxa Selic					
LFT 070315	07/03/2015	0,00%	-	R$ 4.770,36	-
LFT 070317	07/03/2017	0,00%	-	R$ 4.770,36	-

Atualizado em: **14-07-2011 9:28:28**

Bem, agora você já está familiarizado com as siglas dos títulos. Lembre-se de que os seis números que seguem as abreviações se referem à *data* de vencimento (dia, mês e ano). Repare que esses dados conferem com a data apresentada na coluna *Vencimento*.

Para as **NTNBs** (***Indexadas ao IPCA***), veja que aparece na coluna *Taxa (a.a.) – Compra* a rentabilidade bruta anual pactuada quando o aplicador compra o título do Tesouro. Observe que essa taxa está sempre acima de 6% ao ano (aproximadamente 0,50% ao mês), mais a correção do IPCA para repor o desgaste da inflação, que não está descrito na tabela, mas você já conhece a métrica de rentabilização das NTNBs.

Para as **LTNs e NTNFs (*Pré-fixadas*)**, o que aparece nessa coluna da *Taxa (a.a.) – Compra* é a rentabilidade bruta anual pré-fixada, sempre mais próxima da ponta dos 13% ao ano (cerca de 1% ao mês), pelo menos em tempos de taxa Selic acima de 12% ao ano. Se a taxa Selic subir, você verá esse número subindo; se baixar, poderá notar movimento contrário no número nessa coluna. Mas não se confunda: a LTN não é indexada pela Selic; no entanto, sua formação de rentabilidade tende a ser parametrizada (pelo governo) pela taxa Selic do momento da compra, normalmente ficando um pouco acima desta.

No caso das **LFTs (*Indexadas à Taxa Selic*)**, na coluna referente à *Taxa (a.a.) – Compra* é apresentada a rentabilidade 0,00%, porque você sabe que esse título é pós-fixado e pagará o que der a taxa Selic. Em termos de números, a taxa prometida na compra é equivalente a zero, mesmo (e isso faz todo sentido).

Preços/taxas dos títulos para a *venda* só aparecem às quartas

Repare que, na tabela anterior de preços e taxas dos títulos, a coluna *Taxa (a.a.) – Venda* está em branco. Mas note bem no pé da tabela que essa impressão foi tirada do site do Tesouro Direto no dia 14/07/2011, que era uma quinta-feira, portanto, um dia *sem* leilão do Tesouro. Na prática, nesse dia o aplicador não podia vender seus títulos. Se você fizer a mesma consulta em uma quarta-feira (e somente às quartas), verá essas colunas preenchidas com os valores pelos quais pode *vender* seus títulos. O mesmo vale para a coluna *Preço Unitário Dia – Venda*.

Preste atenção nessa outra imagem, tirada do site do Tesouro Direto na quarta-feira 20/07/2011 às 14h22. Note que todos os títulos disponíveis são apresentados ao potencial comprador (investidor):

Preços e taxas dos títulos públicos disponíveis para compra

Título	Vencimento	Taxa(a.a.)		Preço Unitário Dia	
		Compra	Venda	Compra	Venda
Indexados ao IGP-M					
NTNC 010717	01/07/2017	0,00%	6,63%	R$ 0,00	R$ 2.462,45
NTNC 010421	01/04/2021	0,00%	6,55%	R$ 0,00	R$ 2.480,51
NTNC 010131	01/01/2031	0,00%	6,39%	R$ 0,00	R$ 4.061,97
Indexados ao IPCA					
NTNB 150812	15/08/2012	0,00%	6,38%	R$ 0,00	R$ 2.101,06
NTNB 150513	15/05/2013	0,00%	6,58%	R$ 0,00	R$ 2.060,67
NTNB 150515	15/05/2015	6,69%	6,73%	R$ 2.033,85	R$ 2.031,24
NTNB Principal 150515	15/05/2015	6,69%	6,73%	R$ 1.607,14	R$ 1.604,85
NTNB 150517	15/05/2017	6,57%	6,63%	R$ 2.026,33	R$ 2.020,72
NTNB 150820	15/08/2020	6,54%	6,60%	R$ 2.038,22	R$ 2.030,31
NTNB Principal 150824	15/08/2024	6,21%	6,29%	R$ 938,46	R$ 929,31
NTNB 150824	15/08/2024	6,30%	6,38%	R$ 2.059,52	R$ 2.045,69
NTNB 150535	15/05/2035	6,19%	6,29%	R$ 2.036,52	R$ 2.012,24
NTNB Principal 150535	15/05/2035	6,05%	6,15%	R$ 510,17	R$ 498,88
NTNB 150545	15/05/2045	6,06%	6,16%	R$ 2.067,10	R$ 2.038,71
Prefixados					
LTN 010112	01/01/2012	0,00%	12,55%	R$ 0,00	R$ 948,36
LTN 010113	01/01/2013	12,73%	12,77%	R$ 841,06	R$ 840,63
LTN 010114	01/01/2014	12,81%	12,87%	R$ 744,44	R$ 743,47
LTN 010115	01/01/2015	12,80%	12,86%	R$ 659,79	R$ 658,58
NTNF 010112	01/01/2012	0,00%	12,56%	R$ 0,00	R$ 994,61
NTNF 010113	01/01/2013	0,00%	12,80%	R$ 0,00	R$ 971,13
NTNF 010114	01/01/2014	0,00%	12,84%	R$ 0,00	R$ 949,69
NTNF 010117	01/01/2017	12,67%	12,73%	R$ 907,29	R$ 905,23
NTNF 010121	01/01/2021	12,51%	12,57%	R$ 875,11	R$ 872,28
Indexados à Taxa Selic					
LFT 070312	07/03/2012	0,00%	0,01%	R$ 0,00	R$ 4.778,76
LFT 070313	07/03/2013	0,00%	0,02%	R$ 0,00	R$ 4.777,51
LFT 070314	07/03/2014	0,00%	0,03%	R$ 0,00	R$ 4.775,30
LFT 070315	07/03/2015	0,00%	0,04%	R$ 4.779,06	R$ 4.772,13
LFT 070317	07/03/2017	0,00%	0,04%	R$ 4.779,06	R$ 4.768,34

Atualizado em: **20-07-2011 14:22:00**

Títulos públicos que não estão mais disponíveis para compra por meio do Tesouro Direto

Um esclarecimento importante: embora essa tabela apresente ainda os títulos indexados ao IGP-M, chamados de Notas do Tesouro Nacional – Série C (NTNC), repare na penúltima coluna, na ponta direita (*Compra*), que não há cotação de *compra* para esses títulos (da parte dos aplicadores), apenas cotação para *venda* (das NTNCs ao Tesouro). Isso significa que esses títulos já não são mais oferecidos aos investidores do Tesouro Direto para novas aplicações (aliás, isso desde 2006), mas apenas podem ser vendidos a mercado por quem já os comprou. Isto é, podem ser vendidos se o aplicador porventura não quiser esperar até as respectivas datas de maturação de suas NTNCs, hipótese em que elas serão honradas pelo Tesouro Nacional exatamente nas condições originalmente contratadas pelo investidor (IGP-M + determinada porcentagem pré-fixada de rendimento anual).

Aliás, essa é a explicação toda vez que você encontrar um tracinho (–) na coluna *Compra* da seção da extrema direita da tabela (*Preço Unitário Dia*). Repare na tabela incluída neste livro que não estavam mais disponíveis na data de 20/07/2011 as NTNFs, LFTs e NTNBs com prazos de vencimento mais curtos (maturação nos próximos dois a quatro anos). Além, naturalmente, das NTNCs indisponíveis.

Ressalto que no caso da "extinta" NTNC, não há o que lamentar: como vimos, o aplicador pode contar com um bom substituto para proteger suas economias da inflação: a NTNB (tanto *simples* quanto *principal*), o título do Tesouro Direto indexado ao IPCA, que se propõe a proteger suas economias das ameaças da inflação.

Em dias de reunião do Copom, a regra de venda muda um pouco

Como você já sabe, com o objetivo de conceder liquidez aos títulos públicos adquiridos no Tesouro Direto, o Tesouro Nacional realiza recompras semanais, entre 9 horas das quartas-feiras e 5 horas das quintas-feiras. No entanto, excepcionalmente nas semanas em que houver reunião do Comitê de Política Monetária (Copom), a recompra de todos os títulos também será realizada entre 9 horas de quinta-feira e 5 horas de sexta-feira.

Mas atente para o seguinte: a negociação dos títulos pré-fixados (LTN e NTNF) e dos títulos indexados a índices de preços (NTNB, NTNB Principal e NTNC) fica suspensa entre 17 horas de quarta-feira e 9 horas de quinta-feira, início do mercado, para evitar que as decisões do Copom acerca da meta da taxa Selic possam afetar as negociações no Tesouro Direto, sem que haja um correspondente efeito no mercado secundário. Enfim, isso acontece para evitar especulações indevidas com esses papéis.

Essa quarta-feira dia 20/07/2011 era justamente um dia de reunião do Copom. Aliás, nela ficou acertada que a taxa Selic subiria de 12,25% ao ano para 12,5%, sendo elevada do equivalente a 0,97% ao mês para 0,99% ao mês.

Veja, a seguir, a tabela de preços e taxas dos títulos públicos que foi tirada do site do Tesouro Direto às 17h53, portanto, após as 17h da quarta-feira, e repare que desapareceram todos os títulos pré-fixados e os indexados ao IPCA ou ao IGP-M.

Depois, novamente, nessa outra imagem retirada do site do Tesouro Direto na quinta-feira dia 21/07/2011 às 9h, repare que a negociação dos títulos pré-fixados (LTN e NTNF) e dos títulos indexados a índices de preços (NTNB, NTNB Principal e NTNC) voltou e assim permaneceria — excepcionalmente na semana de reunião do Copom — até as 5h da sexta-feira.

Preços e taxas dos títulos públicos disponíveis para compra

Título	Vencimento	Taxa(a.a.)		Preço Unitário Dia	
		Compra	Venda	Compra	Venda
Indexados à Taxa Selic					
LFT 070312	07/03/2012	0,00%	0,01%	R$ 0,00	R$ 4.778,76
LFT 070313	07/03/2013	0,00%	0,02%	R$ 0,00	R$ 4.777,51
LFT 070314	07/03/2014	0,00%	0,03%	R$ 0,00	R$ 4.775,30
LFT 070315	07/03/2015	0,00%	0,04%	R$ 4.779,06	R$ 4.772,13
LFT 070317	07/03/2017	0,00%	0,04%	R$ 4.779,06	R$ 4.768,34

Atualizado em: **20-07-2011 17:53:35**

Preços e taxas dos títulos públicos disponíveis para compra

Título	Vencimento	Taxa(a.a.)		Preço Unitário Dia	
		Compra	Venda	Compra	Venda
Indexados ao IGP-M					
NTNC 010717	01/07/2017	0,00%	6,64%	R$ 0,00	R$ 2.459,75
NTNC 010421	01/04/2021	0,00%	6,54%	R$ 0,00	R$ 2.480,65
NTNC 010131	01/01/2031	0,00%	6,38%	R$ 0,00	R$ 4.063,27
Indexados ao IPCA					
NTNB 150812	15/08/2012	0,00%	6,39%	R$ 0,00	R$ 2.101,38
NTNB 150513	15/05/2013	0,00%	6,58%	R$ 0,00	R$ 2.061,19
NTNB 150515	15/05/2015	6,69%	6,73%	R$ 2.034,38	R$ 2.031,78
NTNB Principal 150515	15/05/2015	6,69%	6,73%	R$ 1.607,56	R$ 1.605,27
NTNB 150517	15/05/2017	6,58%	6,64%	R$ 2.025,91	R$ 2.020,31
NTNB 150820	15/08/2020	6,53%	6,59%	R$ 2.040,06	R$ 2.032,15
NTNB Principal 150824	15/08/2024	6,21%	6,29%	R$ 938,69	R$ 929,53
NTNB 150824	15/08/2024	6,30%	6,38%	R$ 2.060,03	R$ 2.046,19
NTNB 150535	15/05/2035	6,19%	6,29%	R$ 2.037,01	R$ 2.012,73
NTNB Principal 150535	15/05/2035	6,05%	6,15%	R$ 510,29	R$ 499,00
NTNB 150545	15/05/2045	6,08%	6,18%	R$ 2.061,86	R$ 2.033,60
Prefixados					
LTN 010112	01/01/2012	0,00%	12,56%	R$ 0,00	R$ 948,77
LTN 010113	01/01/2013	12,72%	12,76%	R$ 841,57	R$ 841,14
LTN 010114	01/01/2014	12,83%	12,89%	R$ 744,47	R$ 743,50
LTN 010115	01/01/2015	12,82%	12,88%	R$ 659,70	R$ 658,49
NTNF 010112	01/01/2012	0,00%	12,57%	R$ 0,00	R$ 995,04
NTNF 010113	01/01/2013	0,00%	12,79%	R$ 0,00	R$ 971,71
NTNF 010114	01/01/2014	0,00%	12,86%	R$ 0,00	R$ 949,77
NTNF 010117	01/01/2017	12,68%	12,74%	R$ 907,37	R$ 905,32
NTNF 010121	01/01/2021	12,55%	12,61%	R$ 873,63	R$ 870,81
Indexados à Taxa Selic					
LFT 070312	07/03/2012	0,00%	0,01%	R$ 0,00	R$ 4.780,98
LFT 070313	07/03/2013	0,00%	0,02%	R$ 0,00	R$ 4.779,74
LFT 070314	07/03/2014	0,00%	0,03%	R$ 0,00	R$ 4.777,52
LFT 070315	07/03/2015	0,00%	0,04%	R$ 4.781,28	R$ 4.774,36
LFT 070317	07/03/2017	0,00%	0,04%	R$ 4.781,28	R$ 4.770,56

Atualizado em: **21-07-2011 9:00:20**

Preços e taxas dos títulos públicos disponíveis para compra

Título	Vencimento	Taxa(a.a.)		Preço Unitário Dia	
		Compra	Venda	Compra	Venda
Indexados ao IPCA					
NTNB Principal 150515	15/05/2015	6,67%	-	R$ 1.609,41	-
NTNB 150515	15/05/2015	6,67%	-	R$ 2.036,59	-
NTNB 150517	15/05/2017	6,57%	-	R$ 2.027,73	-
NTNB 150820	15/08/2020	6,53%	-	R$ 2.040,95	-
NTNB 150824	15/08/2024	6,29%	-	R$ 2.062,64	-
NTNB Principal 150824	15/08/2024	6,20%	-	R$ 940,24	-
NTNB 150535	15/05/2035	6,19%	-	R$ 2.037,87	-
NTNB Principal 150535	15/05/2035	6,06%	-	R$ 509,36	-
NTNB 150545	15/05/2045	6,07%	-	R$ 2.065,59	-
Prefixados					
LTN 010113	01/01/2013	12,74%	-	R$ 841,76	-
LTN 010114	01/01/2014	12,87%	-	R$ 744,18	-
LTN 010115	01/01/2015	12,88%	-	R$ 658,81	-
NTNF 010117	01/01/2017	12,74%	-	R$ 905,75	-
NTNF 010121	01/01/2021	12,59%	-	R$ 872,16	-
Indexados à Taxa Selic					
LFT 070315	07/03/2015	0,00%	-	R$ 4.783,50	-
LFT 070317	07/03/2017	0,00%	-	R$ 4.783,50	-

Atualizado em: **22-07-2011 9:00:01**

Mas note bem que nessa outra imagem, retirada do site do Tesouro Direto na sexta-feira, dia 22/07/2011 às 9h, a venda dos títulos públicos já havia sido novamente fechada (até reabertura na próxima quarta-feira 27/07/2011):

Essas imagens de preços e taxas dos títulos foram retiradas diretamente do site do Tesouro Direto; contudo, o site da sua corretora de valores refletirá exatamente o mesmo movimento.

Rentabilidade do Tesouro Direto: conheça a tabela e saiba interpretá-la

Se deseja acompanhar a rentabilidade dos títulos públicos conforme negociados no mercado secundário, vá ao site do Tesouro Direto e, uma vez na página principal, clique no botão **Tabela de Rentabilidade** (esse botão está logo à direita de **Preço e Taxas dos Títulos**). Na página ao lado, a tabela que você verá na tela do seu computador.

Nessa tabela de rentabilidade do Tesouro Direto, logo na primeira coluna à esquerda (*Títulos*) temos os cinco tipos de títulos básicos do TD, com suas respectivas variações de datas de vencimento apresentadas na 2ª coluna (*Vencimento*). Faço aqui um importante alerta: os dados dessa tabela sobre *rentabilidade bruta a mercado* dos títulos do Tesouro nos últimos 30 dias, no mês anterior, acumulada no ano e acumulada nos últimos 12 meses, *não devem ser de grande interesse para o investidor com perfil dinâmico construtor*.

Lembre-se de que o aplicador construtor deve comprar títulos públicos visando carregá-los até seu vencimento. Seu objetivo não deve ser comercializar esses papéis de renda fixa a mercado fora de seu prazo de vencimento, pois, agindo assim, o investidor correrá o risco de ganhar pouco ou até perder algum dinheiro, como já expliquei anteriormente.

Cuidado também com o seguinte: ao observar alguns números de rentabilidade negativa nessa tabela, você pode acabar — inadvertidamente — desanimando de investir no Tesouro Direto. Mas não se esqueça de que esses números infelizes (os que trazem sinal negativo e significam perda) só terão eventualmente afetado o bolso de alguns aplicadores *alavancadores*, que negociaram os títulos públicos como ativos arriscados de renda variável, fora de sua vocação natural, que é serem ativos seguros de renda fixa para serem colhidos no vencimento.

Rentabilidade do Tesouro Direto - Posição em 20-07-2011

Títulos	Vencimento	Rentabilidade Bruta				Taxa do Dia (ao ano)	
		Últ. 30 dias	Mês Anterior	No Ano	12 Meses	Compra	Venda
Prefixados							
LTN	01-01-2012	0,97%	0,96%	6,33%	11,45%	12,50%	12,53%
LTN	01-01-2013	0,75%	0,91%	6,13%	11,22%	12,71%	12,75%
LTN	01-01-2014	0,27%	0,73%	-	-	12,80%	12,86%
LTN	01-01-2015	0,03%	0,73%	-	-	12,80%	12,86%
NTN-F	01-01-2012	0,96%	0,96%	6,33%	11,48%	-	12,55%
NTN-F	01-01-2013	0,72%	0,91%	6,14%	11,31%	-	12,78%
NTN-F	01-01-2014	0,35%	0,75%	5,54%	10,93%	-	12,84%
NTN-F	01-01-2017	-0,17%	0,89%	4,32%	10,46%	12,66%	12,72%
NTN-F	01-01-2021	-0,31%	0,98%	4,74%	10,78%	12,52%	12,58%
Indexados à Taxa Selic							
LFT	07-03-2012	0,96%	0,99%	6,20%	11,18%	-	0,01%
LFT	07-03-2013	0,93%	0,97%	6,18%	11,15%	-	0,02%
LFT	07-03-2014	0,88%	0,92%	6,13%	11,10%	-	0,03%
LFT	07-03-2015	0,82%	0,85%	6,06%	11,03%	0,00%	0,04%
LFT	07-03-2017	0,74%	0,77%	-	-	0,00%	0,04%
Indexados ao IGP-M							
NTN-C	01-07-2017	-0,82%	-1,03%	2,97%	14,00%	-	6,63%
NTN-C	01-04-2021	-1,23%	-1,36%	1,78%	13,66%	-	6,55%
NTN-C	01-01-2031	-1,71%	-1,78%	0,24%	14,33%	-	6,39%
Indexados ao IPCA							
NTN-B	15-08-2012	1,35%	0,93%	7,35%	13,43%	-	6,38%
NTN-B	15-05-2013	1,14%	0,81%	7,06%	13,34%	-	6,58%
NTN-B	15-05-2015	0,72%	0,54%	5,63%	12,74%	6,67%	6,71%
NTN-B	15-05-2017	-0,55%	-0,60%	4,14%	12,22%	6,57%	6,63%
NTN-B	15-08-2020	-0,93%	-0,83%	2,92%	11,69%	6,54%	6,60%
NTN-B	15-08-2024	-1,26%	-1,25%	2,53%	12,82%	6,30%	6,38%
NTN-B	15-05-2035	-3,51%	-3,21%	-0,47%	13,14%	6,19%	6,29%
NTN-B	15-05-2045	-4,42%	-3,16%	-1,89%	14,86%	6,07%	6,17%
NTN-B Principal	15-05-2015	0,65%	0,47%	5,34%	12,65%	6,67%	6,71%
NTN-B Principal	15-08-2024	-2,25%	-2,16%	0,66%	13,43%	6,21%	6,29%
NTN-B Principal	15-05-2035	-8,80%	-7,71%	-6,84%	15,41%	6,05%	6,15%

Selecionando títulos do Tesouro Direto para uma aplicação *tipo ponta a ponta*

Se você está investindo em títulos do Tesouro Direto em uma **aplicação do tipo ponta a ponta**, com *um único depósito inicial* para resgatar o valor acumulado somente na outra ponta, ou seja, na data de vencimento natural do título escolhido, a seleção do papel mais adequado para conseguir um ganho diferenciado sem abrir mão de segurança e liquidez é até bastante simples. Vamos imaginar um aplicador que, em meados de 2011, já tivesse em mãos determinada quantia mais expressiva, digamos cerca de R$ 10 mil, e pudesse aplicar essa quantia no médio prazo (por algo entre dois e cinco anos).

Para uma aplicação ponta a ponta por pouco mais de **um ano de prazo**, o aplicador atingiria quase R$ 11.540,00, escolhendo o único título disponível no Tesouro para esse horizonte tão curto, a LTN 010113 (vencimento em 1,5 ano). O ganho acumulado nessa aplicação dinâmica seria de R$ 1.540,00, ou 15,40% no período. A poupança pagaria menos, cerca de R$ 11.140,00 (R$ 400,00 a menos).

Se um investimento fosse para daqui a cerca de **dois anos**, o aplicador alcançaria cerca de R$ 12,7 mil (corrigidos para valores da época) escolhendo o único título no Tesouro Direto com prazo de dois anos e meio. O ganho acumulado seria de R$ 2,7 mil ou 27% no período.

Para uma aplicação mais esticada, no **prazo de três a quatro anos**, o investidor chegaria a algo como R$ 13.980,00 se escolhesse a LTN 010115 (maturação em três anos e meio), ou atingiria cerca de R$ 14.300,00 optando pela LFT 070315 (vencimento entre três anos e meio e quatro anos), ou conquistaria R$ 14.660,00 selecionando a NTNB Principal 150515 (maturação para praticamente daí a quatro anos). Os ganhos acumulados seriam de 40%, 43% e quase 47% nos respectivos períodos de aplicação.

Já na aplicação por cerca de **cinco a seis anos**, já deixando o médio prazo e adentrando o longo, o investidor poderia chegar a prováveis

R$ 17.330,00 escolhendo o único título que se encaixava nesse horizonte, a LFT 070317 (maturação entre cinco anos e meio e seis anos), com ganho acumulado em torno de 73%.

Há bons títulos para uma aplicação ponta a ponta no longo prazo

Se quisesse mirar no longo prazo, o investidor poderia escolher a NTNB Principal 150824 e, nesse, caso poderia apurar algo próximo de R$ 16 mil em valores de hoje, mas corrigidos para valores da época daqui a 13 anos, com ganho *real* acumulado de R$ 6 mil, ou 60% no período. No mesmo período, a caderneta pagaria apenas R$ 11,7 mil, ou menos de um terço do que pagaria a nota do Tesouro.

Por fim, se desejasse apontar para o longuíssimo prazo, esse aplicador ainda poderia selecionar a NTNB Principal 150535 e, então, conseguiria resgatar algo como R$ 23,7 mil, também corrigidos para daqui a 24 anos, com rentabilidade *real* acumulada de R$ 13,7 mil, ou 137%.

Essas — e apenas essas — seriam as escolhas de títulos públicos possíveis (e seus respectivos resultados multiplicadores), para o investidor que tivesse, em meados de 2011, a soma de R$ 10 mil para aplicar de ponta-aponta. (Não considerei nessa simulação as NTNFs e NTNBs por serem títulos de renda, indicados para casos muito específicos.)

Em qualquer caso, a *segurança* e a *liquidez* seriam praticamente as mesmas. Já quanto à *rentabilidade*, como você viu, os ganhos esperados de cada possível título escolhido não iriam variar muito no mês a mês: 0,80% de rentabilidade nominal *mensal* e 0,30% de rentabilidade *real* mensal. O que faria toda a diferença na rentabilidade acumulada seria mesmo o prazo de aplicação, a partir do qual concluímos que o dinamismo do Tesouro Direto vem com o tempo.

Selecionando títulos do Tesouro Direto para uma aplicação do *tipo mês a mês*

Quem deseja conquistar um grande sonho de compra e consumo e não tem o dinheiro pronto, ou faz uma nova dívida, ou traça um *plano de investimentos* para encontrar determinada mensalidade que, ao ser aplicada de maneira dinâmica todos os meses ao longo prazo planejado, levará ao atingimento de uma meta de acumulação que permitirá a realização do sonho. Como leitor desta obra, creio que você se encaixa nessa categoria. Se você está investindo em títulos do Tesouro Direto conforme uma **aplicação do tipo mês a mês**, com *depósitos mensais frequentes*, visando resgatar o valor acumulado somente na data de vencimento natural do título escolhido, a seleção do papel mais adequado para conseguir um ganho diferenciado sem abrir mão de segurança e liquidez também é bastante simples, mas deve haver um cuidado adicional com relação à aplicação do tipo ponta a ponta. Na modalidade de aporte único, seu desafio será fazer a escolha do melhor título disponível no momento da compra e pronto: será só esperar ele vencer e colher os resultados no prazo desejado.

O processo não deixa de ser parecido na aplicação mês a mês, mas o que acontece é que, com o passar do tempo, os títulos com vencimento mais curto vão ficando indisponíveis para compra, sendo retirados do mercado pelo Tesouro Nacional, o que complica um pouco a vida do aplicador mês a mês.

Até há uma lógica financeira saudável nesse procedimento: o Tesouro considera que, por causa da tributação mais elevada do imposto de renda (20% sobre os ganhos para prazo inferior a 12 meses, e 22,5% para menos de 6 meses), não há racionalidade financeira em aplicar nesses títulos para prazos tão curtos, inferiores a 1 ano, pois seus ganhos acabam empatando com os da caderneta de poupança. Assim, o Tesouro Nacional simplesmente deixa de oferecê-los.

Tudo bem, não seria o caso de comprá-los mesmo, mas se você é um investidor mês a mês, não deixa de ter em mãos um problema prático: para onde vai direcionar a mensalidade do seu plano de investimentos nos últimos 12 meses, quando já não houver nenhum título com vencimento compatível disponível para compra?

Na aplicação do tipo mês a mês, veja como fazer nos últimos 12 meses

Há duas saídas para o dilema que expus anteriormente: passe a comprar o novo título do mesmo tipo com prazo mais próximo possível e venda-o no final do prazo de realização do seu sonho, ou seja, antes da maturação natural do novo título. Nessa hipótese, lembre-se de que você estaria se sujeitando às eventuais flutuações de preço do mercado (que não costumam ser muito grandes, mas podem existir). Uma alternativa é direcionar as mensalidades do último ano para a caderneta de poupança até o final do prazo de realização. Quando então vencerem os títulos públicos que você havia comprado nos primeiros meses/anos de aplicação, resgate o que terá acumulado neles e também o saldo da poupança e realize o seu sonho.

Um exemplo prático: acumulando uma reserva para trocar de carro

Vamos imaginar, por exemplo, alguém que queira juntar R$ 30 mil para trocar de carro daqui a quatro anos. Fazendo um bom plano de investimentos (veja o último capítulo deste livro), esse aplicador chegaria a uma mensalidade de R$ 654,50. O esforço poupador e investidor total seria de R$ 31.416,00 (= R$ 654,50 × 48 meses), mas ele resultaria em R$ 38.115,00 acumulados para daqui a quatro anos. Esse valor seria suficiente para repor a inflação e ainda garantiria o equivalente aos R$ 30 mil em poder aquisitivo de hoje. Os juros ganhos no período seriam de R$ 6,7 mil (= R$ 38.115,00 – R$ 31.416,00).

No caso desse seu plano, querendo aplicar no Tesouro Direto o aplicador escolheria destinar os R$ 654,50 mensais para comprar frações de 0,4 (40%) da NTNB Principal 150515 por R$ 641,00 (o valor do título cheio em meados de 2011 era de R$ 1.602,51).

Nos três primeiros anos, isso poderia ser feito. A partir daí, ficando essa NTNB Principal indisponível, o que já estivesse aplicado nela seguiria aguardando sua maturação natural em 15 de maio de 2015, e a mensalidade de aproximadamente R$ 650,00 seria destinada à caderneta de poupança mesmo. A rentabilidade média com essa estratégia, embora afetada, ainda ficaria muito próxima dos 0,80% de ganho mensal que almejamos.

Lembre-se: um bom plano não precisa ser tão exato assim; basta que ele deixe você bem próximo da sua meta de acumulação, porque, se faltar ou sobrar um pouco para realizar o sonho, um pequeno ajuste resolverá a situação.

Como calcular o valor da aplicação para realizar seu sonho

Por fim, desejo alertar que, no investimento em títulos do Tesouro Direto em uma **aplicação do tipo mês a mês**, com *depósitos mensais frequentes*, talvez surja outro desafio prático: a mensalidade que você obteve ao calcular seu plano de investimentos pode ficar abaixo do valor mínimo para conseguir fazer uma compra, ainda que fracionada, no Tesouro Direto. Como resolver isso? Enxergaremos a solução por meio de um exemplo prático.

Vamos imaginar o caso de um aplicador que, em meados de 2011, estivesse se programando para fazer um curso no exterior no prazo entre três e quatro anos. Depois de fazer um orçamento cuidadoso das prováveis despesas, esse aplicador traçou uma meta de acumulação de

R$ 22 mil para dali a 42 meses (três anos e meio). Fazendo as contas certas (veja o último capítulo deste livro), ele chegou ao cálculo de que deveria aplicar no Tesouro Direto mês após mês a quantia de R$ 443,00. Para esse prazo de realização de três anos e meio, o título perfeito encontrado no Tesouro Direto foi a LTN 010115. Contudo, esse título custava R$ 659,95 na sua integralidade e R$ 132,00 a fração ideal de 20%. Sendo assim, para adquirir apenas *três frações* dessa LTN, a compra mensal ficaria em R$ 396,00. Mas o plano de investimentos indicava uma mensalidade de aplicação superior, de R$ 443,00, e o aplicador tinha consciência de que, se investisse menos que o planejado, não bateria sua meta de acumulação de R$ 22 mil (com os R$ 396,00 mensais ele chegaria a apenas R$ 19,7 mil.)

Já para comprar *quatro frações* da LTN 010115, seriam necessários R$ 528,00 mensais, algo um pouco acima dos R$ 443,00 indicados no plano. Nesse caso, eu lhe indicaria fazer um esforço extra e aplicar os R$ 528,00. Quem poupa R$ 443,00 por mês, com uma "forcinha extra" consegue poupar R$ 528,00 mensais, não é verdade? E esse novo valor de aplicação teria sua recompensa: R$ 26,2 mil acumulados, mais de R$ 4 mil adicionais sobre os R$ 22 mil originalmente planejados.

Fica aqui a dica: se o valor da mensalidade do seu plano de investimentos ficar abaixo de determinado mínimo para a compra mensal do título mais adequado do TD, faça um esforço extra e nivele a aplicação mensal para cima. Parece sacrifício? Pense nas vantagens: será apenas um pouco mais por mês e no final você terá um ganho muito maior do que precisava, com folga para curtir a viagem e comprar o que quiser.

CAPÍTULO 7

COMPRANDO E VENDENDO TÍTULOS PELO TESOURO DIRETO

Veja tela a tela como aplicar em títulos da Dívida Pública Brasileira

Agora que você já abriu sua conta na corretora, transferiu para ela os primeiros recursos financeiros a serem investidos e já aprendeu o que há de mais importante sobre os títulos públicos, juntos iremos realizar suas aplicações via Tesouro Direto. Em vez de começar comprando títulos, farei o caminho inverso: vamos primeiramente repassar os procedimentos para um investidor que já tenha títulos públicos e deseje vendê-los no Tesouro Direto. Você aprenderá que *vender* é fácil e depois verá que *comprar* é ainda mais tranquilo.

Mas cabe aqui uma observação: as transações que você presenciará aqui, ocorridas entre os dias 20 e 22/07/2010, são absolutamente verídicas, ou seja, foram de fato realizadas por um cliente. Para preservar seu sigilo, foram apagadas da sequência de imagens a seguir o nome do aplicador, seu número de conta e quaisquer outras informações que pudessem identificar o cliente ou qualquer uma das transações realizadas.

Um alerta: a apresentação de sites de internet é dinâmica e poderá sofrer alterações de melhoria com o passar do tempo. No entanto, procure por perto, pois a informação necessária sempre poderá ser localizada. Havendo qualquer dúvida, antes de tomar uma decisão ou efetuar qualquer operação, entre em contato com o setor de atendimento da corretora, seja on-line ou por telefone. Não tenha pressa e seja precavido, pois a boa informação o levará muito mais rápido aonde quer chegar com suas aplicações financeiras.

Vendendo títulos do Tesouro Direto: instruções tela a tela

Imagine um investidor que já tenha comprado um pouco de dinheiro em títulos públicos, só a título de teste, para começar a interagir com o Tesouro Direto e sentir-se mais confortável para iniciar suas aplicações para valer. Agora, para experimentar como um aplicador se desfaz de títulos que carrega em sua carteira de investimentos, esse aplicador fará uma pequena operação de venda. A partir deste momento, você obterá instruções rápidas e seguras, tela a tela, sobre os pontos mais importantes e verá que não há qualquer segredo no processo.

Para começar, tendo efetuado o login na página da corretora, clique no link sobre a sua conta. Abaixo dessa guia há outras quatro: posicione o cursor sobre a segunda guia, *Operações e Movimentações*, e aparecerá um menu com todos os links que permitem a você movimentar seus investimentos com a Ágora. Repare no canto direito o grupo *Tesouro Direto*. Clique no item *Posição Atual*.

Será carregada a página *Posição Atual*.

Repare na data e no horário dessa consulta: *Exibido em: 20/07/2011 às 17h07*. Um detalhe: o banner no centro da página é dinâmico e serve para a Ágora divulgar novidades sobre o Tesouro Direto. Nesse dia, a novidade apresentada era o novo relatório *Renda Fixa Tesouro Direto*, mais uma rica fonte de informação para o aplicador nessa modalidade de ativo financeiro.

No canto esquerdo da tabela de *Posição Atual*, note que o aplicador carrega (nesta data/horário) em sua carteira do Tesouro Direto três tipos de títulos: LFT, LTN e NTNB Principal, isso porque o investidor havia comprado um pouco de cada título para experimentar:

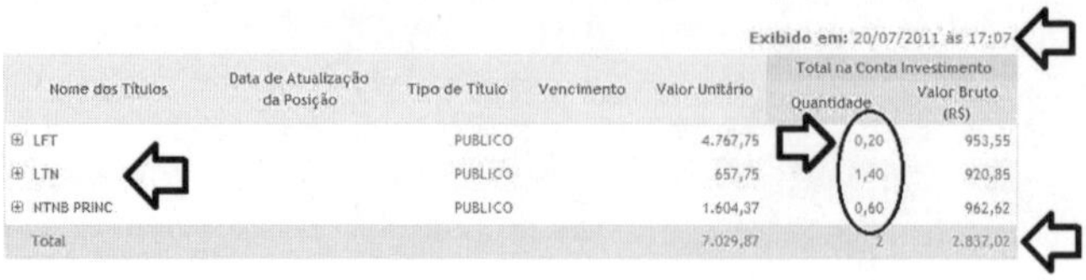

Exibido em: 20/07/2011 às 17:07

Nome dos Títulos	Data de Atualização da Posição	Tipo de Título	Vencimento	Valor Unitário	Total na Conta Investimento: Quantidade	Total na Conta Investimento: Valor Bruto (R$)
LFT		PUBLICO		4.767,75	0,20	953,55
LTN		PUBLICO		657,75	1,40	920,85
NTNB PRINC		PUBLICO		1.604,37	0,60	962,62
Total				7.029,87	2	2.837,02

Exibido em: 20/07/2011 às 17:07

Total na Conta Investimento: Quantidade	Total na Conta Investimento: Valor Bruto (R$)
0,20	953,55
1,40	920,85
0,60	962,62
2	2.837,02

Agora repare, no detalhe do canto direito, as quantidades fracionárias de títulos que o aplicador possui antes de iniciar sua venda: 0,20 de um certo tipo de LFT, mais 1,40 de um tipo de uma LTN e mais 0,80 de determinada NTNB Principal. Somados, os valores desses títulos totalizam R$ 2.837,02 nessa data, às 17h07:

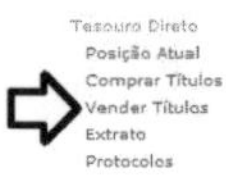

Para iniciar sua operação de venda, o aplicador deve voltar à guia *Operações e Movimentações*, clicar no link *Tesouro Direto* e, em seguida, clicar em *Vender Títulos*. Pode ficar tranquilo que nada acontecerá sem que se tenha tempo para ler, entender, concordar e só então dar seu "de acordo". O que pode acontecer é que, se o investidor demorar muito na mudança de uma página do site para a próxima, por razões de segurança o sistema da Ágora pedirá novamente login e senha do cliente, mas esse é um procedimento bem rápido e fácil de ser realizado.

Uma vez na página *Vender Títulos*, veja no canto superior direito que a pesquisa será feita para *todos os tipos* de títulos existentes na carteira do aplicador (mas o aplicador poderá fazer um filtro diferente na caixa de escolhas, se assim preferir). Na caixa *Indexador deixe* como está (*Todos*), não insira nada na caixa *Data do Vencimento* e pressione o botão *Consultar*.

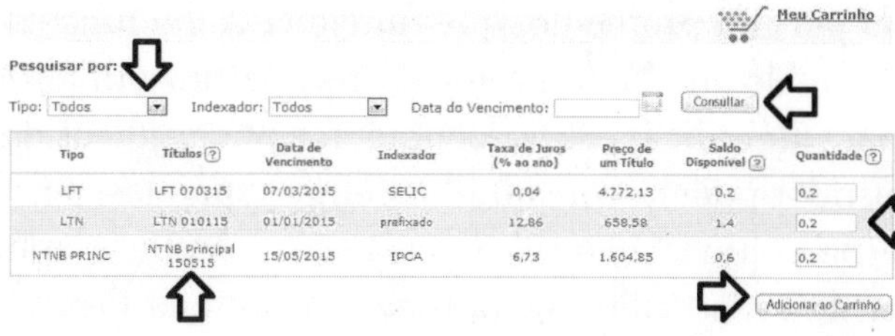

Veja que na coluna *Títulos* do quadro de pesquisa já aparecem especificamente os títulos que o aplicador tem atualmente e na coluna *Saldo Disponível*, as quantidades de que dispõe:

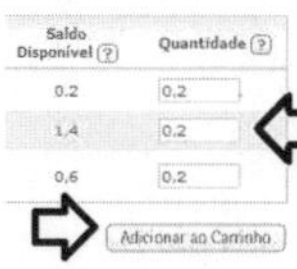

Então, nesse canto direito do quadro de venda insira as quantidades que deseja vender a título de teste: 0,2 de cada título. Pressione o botão *Adicionar ao Carrinho* e uma nova página será carregada, abrindo um *Protocolo de Venda*.

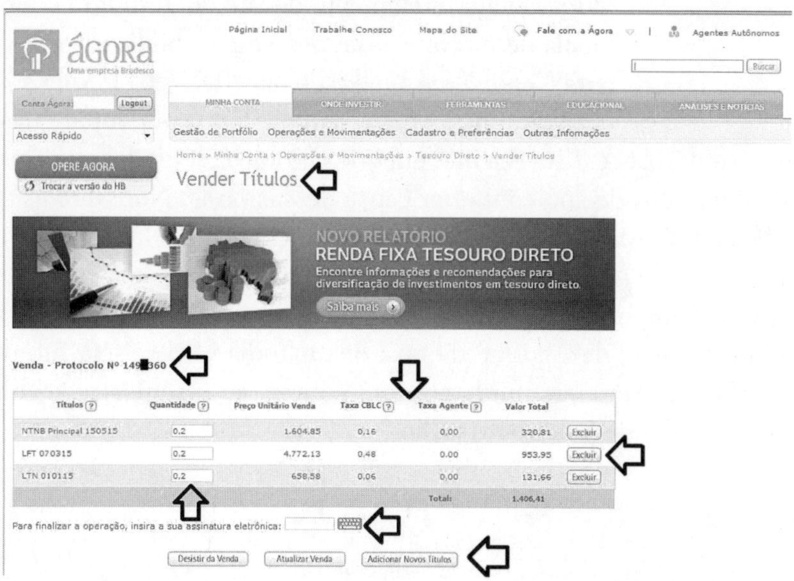

Acaba de ser aberto um *Protocolo de Venda*, o documento oficial que registra uma venda de títulos no site da Ágora. Para sua segurança, toda operação realizada com qualquer ativo financeiro é devidamente documentada por um protocolo, que funciona como uma prova formal de que você a realizou. Cada protocolo recebe um número exclusivo, que servirá para identificar esses documentos nos arquivos da corretora, já que o investidor poderá consultá-los sempre que desejar.

Veja que na coluna *Quantidade* estão os 0,2 que o aplicador pretende vender de cada título. Agora repare na coluna *Preço Unitário de Venda* os seguintes valores de referência:

- R$ 1.604,85 para a NTNB Principal 150515;
- R$ 4.772,13 para a LFT 070315;
- R$ 658,58 para a LTN 010115.

De onde o site da Ágora tirou esses valores de referência pelos quais a venda será fechada?

Esses valores de referência dos títulos a serem vendidos vieram diretamente do site do Tesouro Direto, da tabela de *Preços e Taxas dos Títulos Públicos Disponíveis para Compra (ou Venda)* do dia 20/07/2011. Veja só:

Voltando à tabela *Venda – Protocolo*, repare nas colunas *Taxa CBLC* e *Taxa Agente*, em que já estão calculados os valores a serem debitados de sua conta por causa dessas taxas. Note que as taxas do *Agente de Custódia* (aqui, via Ágora) aparecem como 0,00. Essa é uma operação de *venda*, não de compra, e na venda o agente não cobra taxas. Contudo, é importante ressaltar que, caso a soma dos valores da taxa de administração da Ágora e da taxa de custódia CBLC seja inferior a R$ 10,00, elas serão acumuladas para cobrança no semestre seguinte, no primeiro dia de janeiro ou julho.

Preços e taxas dos títulos públicos disponíveis para compra

Título	Vencimento	Taxa(a.a.)		Preço Unitário Dia	
		Compra	Venda	Compra	Venda
Indexados ao IGP-M					
NTNC 010717	01/07/2017	0,00%	6,63%	R$ 0,00	R$ 2.462,45
NTNC 010421	01/04/2021	0,00%	6,55%	R$ 0,00	R$ 2.480,51
NTNC 010131	01/01/2031	0,00%	6,39%	R$ 0,00	R$ 4.061,97
Indexados ao IPCA					
NTNB 150812	15/08/2012	0,00%	6,38%	R$ 0,00	R$ 2.101,06
NTNB 150513	15/05/2013	0,00%	6,58%	R$ 0,00	R$ 2.060,67
NTNB 150515	15/05/2015	6,69%	6,73%	R$ 2.03[illegible],85	R$ 2.031,24
NTNB Principal 150515	15/05/2015	6,69%	6,73%	R$ 1.607,14	R$ 1.604,85
NTNB 150517	15/05/2017	6,57%	6,63%	R$ 2.02[illegible],33	R$ 2.020,72
NTNB 150820	15/08/2020	6,54%	6,60%	R$ 2.038,22	R$ 2.030,31
NTNB Principal 150824	15/08/2024	6,21%	6,29%	R$ 938,46	R$ 929,31
NTNB 150824	15/08/2024	6,30%	6,38%	R$ 2.059,52	R$ 2.045,69
NTNB 150535	15/05/2035	6,19%	6,29%	R$ 2.036,52	R$ 2.012,24
NTNB Principal 150535	15/05/2035	6,05%	6,15%	R$ 510,17	R$ 498,88
NTNB 150545	15/05/2045	6,06%	6,16%	R$ 2.067,10	R$ 2.038,71
Prefixados					
LTN 010112	01/01/2012	0,00%	12,55%	R$ 0,00	R$ 948,36
LTN 010113	01/01/2013	12,73%	12,77%	R$ 841,06	R$ 840,63
LTN 010114	01/01/2014	12,81%	12,87%	R$ 74[illegible],44	R$ 743,47
LTN 010115	01/01/2015	12,80%	12,86%	R$ 659,79	R$ 658,58
NTNF 010112	01/01/2012	0,00%	12,56%	R$ 0,00	R$ 994,61
NTNF 010113	01/01/2013	0,00%	12,80%	R$ 0,00	R$ 971,13
NTNF 010114	01/01/2014	0,00%	12,84%	R$ 0,00	R$ 949,69
NTNF 010117	01/01/2017	12,67%	12,73%	R$ 907,29	R$ 905,23
NTNF 010121	01/01/2021	12,51%	12,57%	R$ 875,11	R$ 872,28
Indexados à Taxa Selic					
LFT 070312	07/03/2012	0,00%	0,01%	R$ 0,00	R$ 4.778,76
LFT 070313	07/03/2013	0,00%	0,02%	R$ 0,00	R$ 4.777,51
LFT 070314	07/03/2014	0,00%	0,03%	R$ 0,00	R$ 4.775,30
LFT 070315	07/03/2015	0,00%	0,04%	R$ 4.779,06	R$ 4.772,13
LFT 070317	07/03/2017	0,00%	0,04%	R$ 4.77[illegible],06	R$ 4.768,34

Atualizado em: **20-07-2011 14:22:00**

Note no canto direito dessa tabela *Venda – Protocolo* que há botões para *Excluir* qualquer título dessa listagem, se esse for seu desejo. Veja também abaixo da tabela os botões *Desistir da Venda* (basta clicar aqui para cancelar a operação com total segurança), *Atualizar Venda* e *Adicionar Novos Títulos*. Como, nesse caso, o desejo do aplicador é prosseguir com a venda, ele deve clicar na caixa apresentada para inserir sua *assinatura eletrônica*.

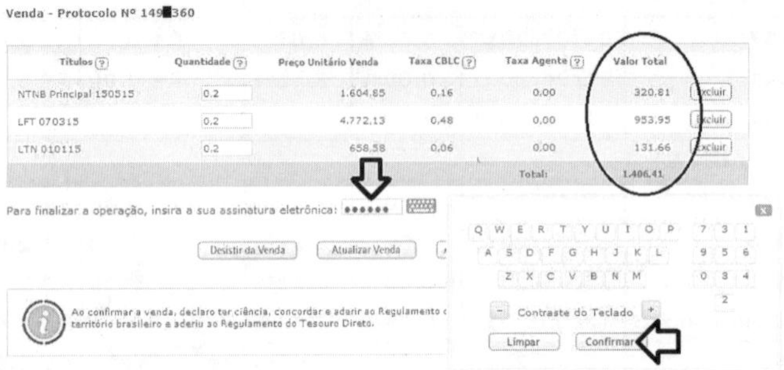

Para sua segurança, aparecerá na tela do computador um teclado virtual (como no site de seu banco): digite por aqui sua *assinatura eletrônica* (repita o procedimento devagar e com cuidado se der como *inválida*), confira os valores de venda e, estando seguro de que deseja realmente efetuar essa operação de liquidação de seus títulos nessas quantidades e nesses valores, clique no botão *Confirmar*.

A partir daqui a operação não poderá ser revertida, embora o investidor possa recomprar os títulos que acaba de vender, mas aí será uma nova operação, de compra. Assim, aparecerá no centro da tela de seu computador a seguinte mensagem:

Clique em OK e fique tranquilo: seus títulos foram vendidos exatamente conforme sua ordem. Para conferir o que estou dizendo, percorra novamente o caminho *Minha Conta* → *Operações e Movimentações* → *Tesouro Direto – Vender Títulos*:

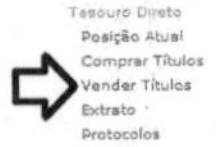

Na tela *Vender Título*, pressione o botão *Consultar* e você verá que agora só aparecem os títulos que sobraram após a venda que acaba de ser realizada:

- 1,2 da LTN 01015;
- 0,4 da NTNB Principal 150515.

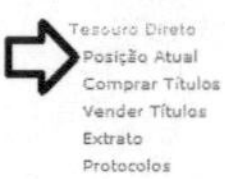

Para continuar verificando se sua operação de venda foi mesmo concretizada, agora percorra o caminho *Minha Conta* → *Operações e Movimentações* → *Tesouro Direto – Posição Atual:*

Aqui você verá a tela da *Posição Atual*, mostrando algo que poderá surpreendê-lo:

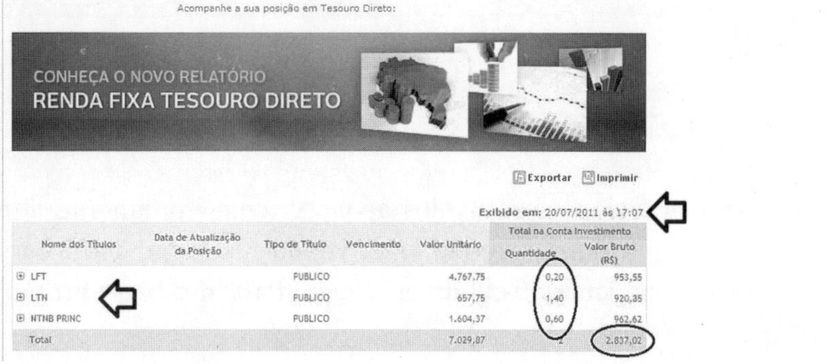

Veja que continuam aparecendo os três títulos, nas quantidades originais e no valor total de R$ 2.837,02 que tinham antes da venda, como se nada tivesse sido feito! Isso significa que houve problema na operação? Não, acontece apenas que, do ponto de vista da tela *Posição Atual*, o sistema da corretora ainda não foi atualizado e, portanto, ainda não retrata a venda que acaba de ser providenciada.

Como então se certificar de que a venda foi de fato fechada? Tranquilize-se, na realidade isso é muito simples. Percorra o caminho *Minha Conta → Operações e Movimentações → Tesouro Direto – Protocolos*:

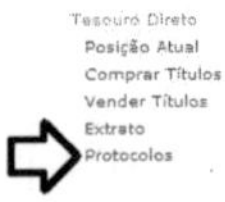

Uma vez na tela *Protocolos*, pressione o botão *Consultar* (sem a necessidade de modificar qualquer informação ou inserir informações novas nos campos da caixa *Filtrar Por*) e você verá a tela de protocolos:

Veja que na tabela de protocolos aparece, com exatamente aquele mesmo número anterior, o protocolo da venda realizada, com *Status – Em Liquidação*, e a data correta da operação. Para abrir esse protocolo, pressione o botão *Detalhe*:

Protocolo Nº: 149█360 Mercado: 2384 Data: 20/07/2011 Status: Em Liquidação Tipo: Venda

Título	Quantidade	Preço de 1 Título	Taxa CBLC	Taxa Agente de Custódia	Valor Total
NTNB Principal 150515	0,2	1.604,85	0,16	0,00	320,81
LFT 070315	0,2	4.772,13	0,48	0,00	953,95
LTN 010115	0,2	653,58	0,06	0,00	131,66
		Total do Protocolo:	0,70	0,00	1.406,41

Aqui o aplicador pode finalmente "respirar aliviado": o documento Protocolo Nº 149X360 mostra exatamente a venda que foi realizada há pouco, nas quantidades de 0,2 de cada título, na data 20/07/2011, com processo *Em Liquidação* e valor de venda de R$ 1.406,41. Fique tranquilo, pois a venda foi mesmo realizada e, assim que a Ágora conseguir atualizar os demais demonstrativos, todas as telas baterão.

No início do dia seguinte, na quinta-feira 21/07/2011, às 09h07, você percorre novamente o caminho *Minha Conta* → *Operações e Movimentações* → *Tesouro Direto – Posição Atual*:

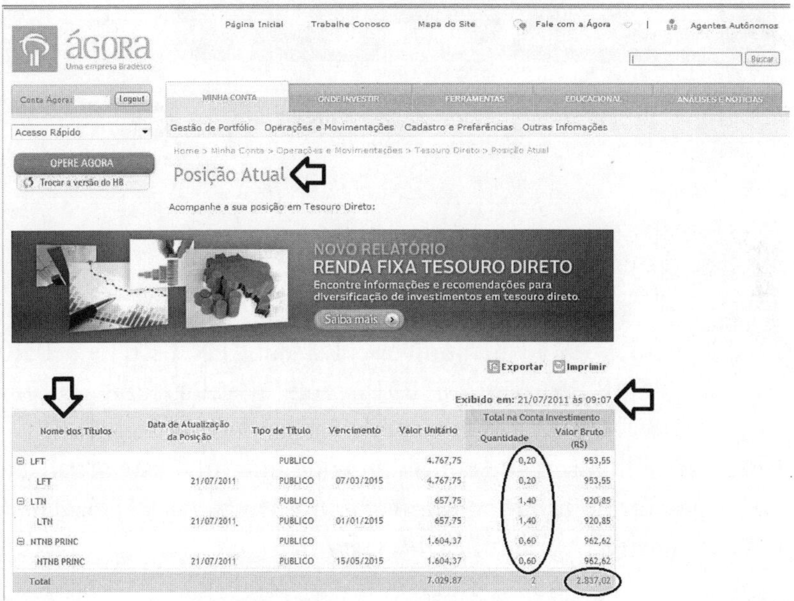

Nome dos Títulos	Data de Atualização da Posição	Tipo de Título	Vencimento	Valor Unitário	Total na Conta Investimento: Quantidade	Total na Conta Investimento: Valor Bruto (R$)
⊟ LFT		PUBLICO		4.767,75	0,20	953,55
LFT	21/07/2011	PUBLICO	07/03/2015	4.767,75	0,20	953,55
⊟ LTN		PUBLICO		657,75	1,40	920,85
LTN	21/07/2011	PUBLICO	01/01/2015	657,75	1,40	920,85
⊟ NTNB PRINC		PUBLICO		1.604,37	0,60	962,62
NTNB PRINC	21/07/2011	PUBLICO	15/05/2015	1.604,37	0,60	962,62
Total				7.029,87	2	2.837,02

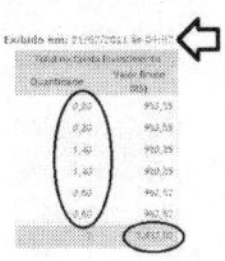

Repare, no detalhe, que a atualização da venda ainda não foi feita:

Tudo bem, é começo de dia, talvez ainda seja necessário mais um tempo para o pessoal atualizar o site. Lembre-se de que houve reunião do Copom no dia anterior, alterando a meta da taxa Selic, e isso acarreta uma certa demanda extra de processamento sobre os sistemas. O investidor está tranquilo, porque confirmou tudo pelo protocolo de venda. Por isso, uma hora depois, às 10h07, ele solicita no site uma nova *Posição Atual* e, dessa vez, pode observar o seguinte:

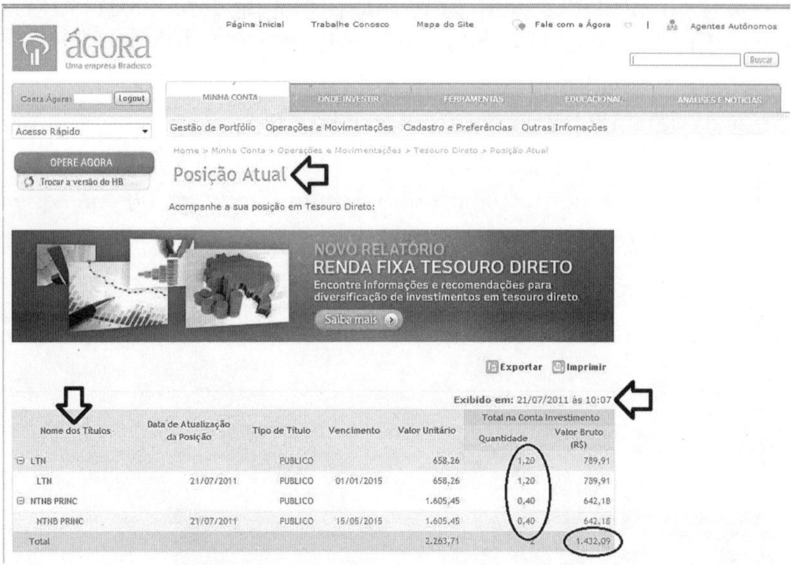

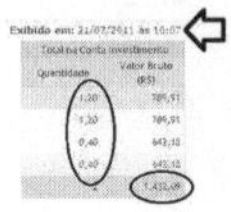

Agora sim, a tela *Posição Atual* mostra apenas os dois títulos então disponíveis, 1,2 da LTN 010115 e 0,40 da NTNB Principal 150515, com o valor total correto de R$ 1.432,09, como se pode ver no detalhe ao lado:

Então, para finalizar sua conferência de que tudo está atualizado, o aplicador percorre o caminho *Minha Conta* → *Operações e Movimentações* → *Financeiro* → *Saldos, Limites e Ordens*:

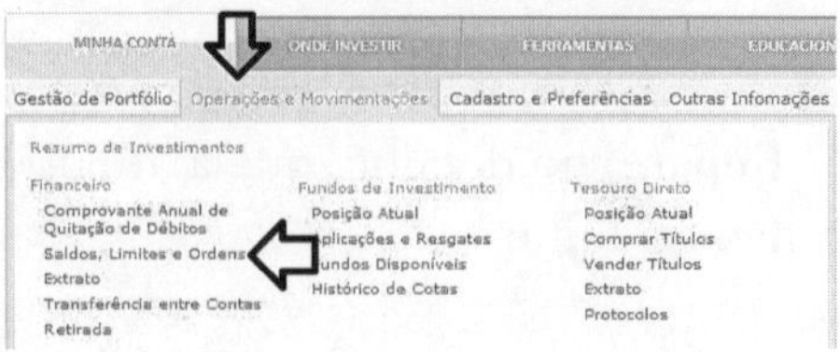

Clicando no link, será carregada a página *Saldos, Limites e Ordens* atualizada, na qual o investidor poderá reparar que agora o saldo de sua Conta Depósito é de R$ 1.450,98, englobando o saldo anterior de R$ 50,00, a entrada de R$ 1.432,09 por conta da venda dos títulos e mais as deduções das taxas devidas. Agora está tudo devidamente atualizado!

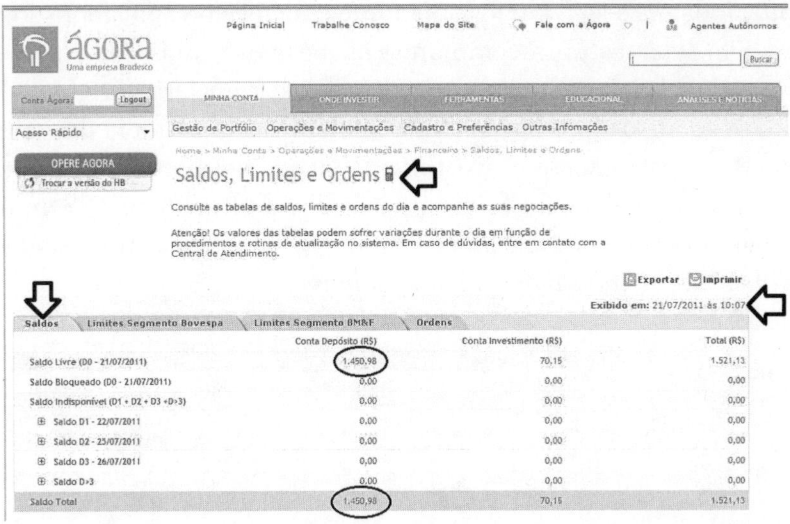

A partir daqui, tendo o dinheiro liberado em sua Conta Depósito, o investidor poderá reaplicá-lo ou transferi-lo para a conta corrente de seu banco, caso deseje realmente resgatar e utilizar o dinheiro para compras ou consumo, de preferência para realizar algum sonho importante. (Não é o caso desse aplicador, que está só fazendo operações de testes.)

Como você viu, os títulos do Tesouro Direto podem, então, ser vendidos a qualquer quarta-feira, tendo o dinheiro liberado logo na manhã da quinta-feira. No entanto, em seu planejamento de orçamento, sugiro que você resgate na quarta-feira de determinada semana o dinheiro que precisará ou desejará utilizar somente no início da semana anterior, pois, desse modo, dá tempo (com folga) de o dinheiro voltar para sua Conta Depósito na corretora para que você faça a transferência para a conta corrente de seu banco, sem correria, como convém a uma vida financeira administrada com serenidade.

Comprando títulos do Tesouro Direto: instruções tela a tela

Se vender seus títulos públicos é rápido e fácil, comprar é um procedimento ainda mais ágil! Vamos supor que esse mesmo aplicador prossiga agora com seus testes, recomprando os mesmos títulos que vendeu no dia anterior. Primeiramente, será necessário transferir da Conta Depósito os recursos que haviam sido liberados com a venda dos títulos, passando-os para a Conta Investimento, já que novas compras de ativos financeiros só podem ser feitas a partir dessa última conta. Sendo assim, percorra o caminho *Minha Conta* → *Operações e Movimentações* → *Financeiro – Transferência entre Contas*:

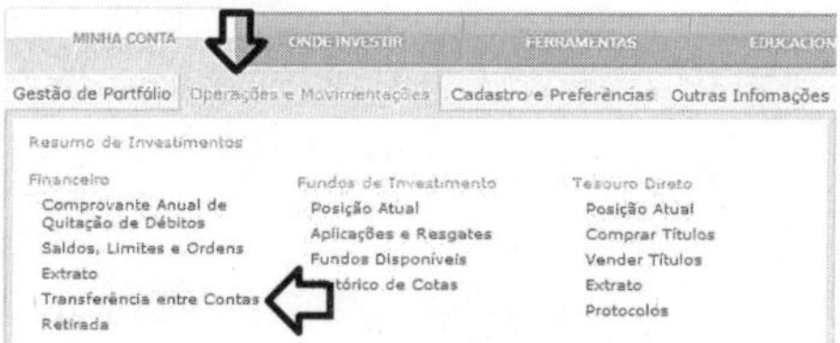

Na tela *Transferência entre Contas*, veja o saldo de R$ 1.450,98 da Conta Depósito, e de R$ 70,15 da Conta Investimento. O aplicador planejou transferir apenas R$ 1.350,00 para a Conta Investimento, deixando cerca de R$ 100,00 na Conta Depósito, mas, embora tenha digitado o valor R$ 1.350,00 na caixa *Valor*, esqueceu de clicar no botão antes do R$ e, assim, permaneceu clicado (por *default*) o botão *Total*, indicando a transferência de *todo o dinheiro* da Conta Depósito para a Conta Investimento.

Sem notar esse pequeno engano, o aplicador inseriu sua assinatura eletrônica e pressionou o botão *Confirmar*.

Como resultado, todo o dinheiro que havia na Conta Depósito (R$ 1.450,98) foi passado para a Conta Investimento, Percorrendo o caminho *Minha Conta* → *Operações e Movimentações* → *Financeiro – Saldos, Limites e Ordens*, o investidor percebe que sua Conta Depósito foi zerada e todos os seus recursos disponíveis para aplicação estão agora na

Conta Investimento (total de R$ 1.521,13, considerando a transferência e algum pouco de dinheiro que já havia lá). Não há qualquer problema que a Conta Depósito tenha sido zerada, pois, nesse caso, eventuais taxas devidas serão debitadas dos recursos disponíveis na Conta Investimento.

Antes de prosseguir com a compra de novos títulos do Tesouro Direto, o aplicador transfere para sua conta da Ágora a quantia de R$ 34 mil que estava disponível na conta corrente de seu banco, por conta do recebimento de uma indenização trabalhista. Essa transferência foi feita via TED e, em menos de uma hora, já estava disponível em sua Conta Depósito na Ágora.

Então, o aplicador passa novamente o saldo total da Conta Depósito para a Conta Investimento e, imediatamente, o dinheiro já está todo disponível, conforme o aplicador pode constatar percorrendo o caminho *Minha Conta* → *Operações e Movimentações* → *Financeiro – Extrato*:

Agora, com o saldo de R$ 35.512,13, o aplicador já está pronto para realizar suas compras de testes de títulos públicos. Para isso, ele percorre o caminho *Minha Conta* → *Operações e Movimentações* → *Tesouro Direto – Comprar Títulos*:

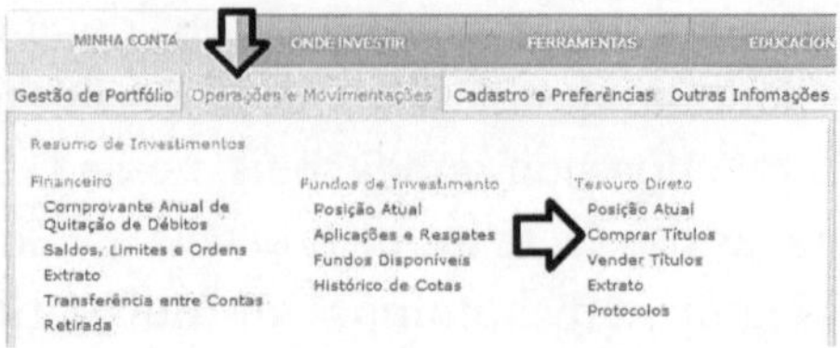

Na tela *Comprar Títulos*, repare que lá está (no canto superior direito) o saldo disponível para compra: R$ 35.521,13. O aplicador então pressiona o botão *Consultar* para ver todos os títulos públicos disponí-

Preços e taxas dos títulos públicos disponíveis para compra

Título	Vencimento	Taxa(a.a.)		Preço Unitário Dia	
		Compra	Venda	Compra	Venda
Indexados ao IPCA					
NTNB Principal 150515	15/05/2015	6,67%	-	R$ 1.609,41	-
NTNB 150515	15/05/2015	6,67%	-	R$ 2.036,59	-
NTNB 150517	15/05/2017	6,57%	-	R$ 2.027,73	-
NTNB 150820	15/08/2020	6,53%	-	R$ 2.040,95	-
NTNB 150824	15/08/2024	6,29%	-	R$ 2.062,64	-
NTNB Principal 150824	15/08/2024	6,20%	-	R$ 940,24	-
NTNB 150535	15/05/2035	6,19%	-	R$ 2.037,87	-
NTNB Principal 150535	15/05/2035	6,06%	-	R$ 509,36	-
NTNB 150545	15/05/2045	6,07%	-	R$ 2.065,59	-
Prefixados					
LTN 010113	01/01/2013	12,74%	-	R$ 841,76	-
LTN 010114	01/01/2014	12,87%	-	R$ 744,18	-
LTN 010115	01/01/2015	12,88%	-	R$ 658,81	-
NTNF 010117	01/01/2017	12,74%	-	R$ 905,75	-
NTNF 010121	01/01/2021	12,59%	-	R$ 872,16	-
Indexados à Taxa Selic					
LFT 070315	07/03/2015	0,00%	-	R$ 4.783,50	-
LFT 070317	07/03/2017	0,00%	-	R$ 4.783,50	-

Atualizado em: **22-07-2011 9:00:01**

veis para compra. Então, ele decide comprar os mesmos títulos que havia vendido, já que se trata de um teste que está fazendo: LFT 070315, LTN 010115 e NTNB Principal 150515.

Note que, na coluna *Taxa de Juros* (% ao ano), são apresentados respectivamente 0,00%, 12,88% e 6,67%. Observe que essas informações de títulos oferecidos para compra no site da corretora conferem exatamente com os dados da tabela de *Preços e Taxas dos Títulos Públicos Disponíveis para Compra* no site do Tesouro Direto:

Então, nas respectivas caixas da coluna *Quantidade*, o aplicador digita o equivalente a 0,2 de cada título, pois são as frações que deseja adquirir:

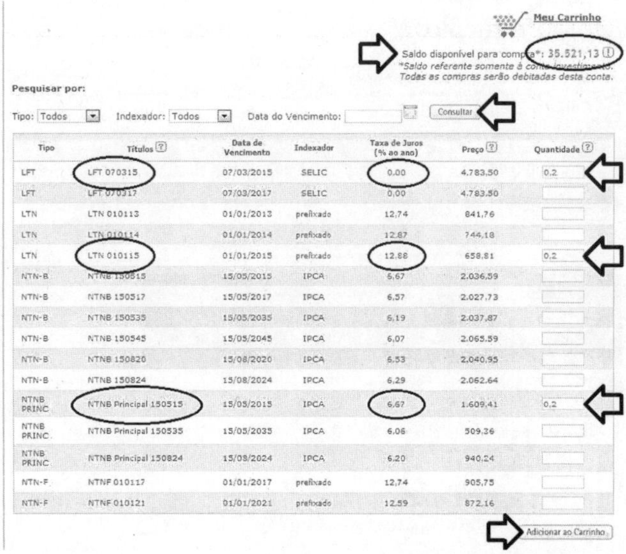
Meu Carrinho

Saldo disponível para compra*: 35.521,13

*Saldo referente somente à conta investimento.
Todas as compras serão debitadas desta conta.

Pesquisar por:

Tipo: Todos Indexador: Todos Data do Vencimento: Consultar

Tipo	Títulos	Data de Vencimento	Indexador	Taxa de Juros (% ao ano)	Preço	Quantidade
LFT	LFT 070315	07/03/2015	SELIC	0,00	4.783,50	0,2
LFT	LFT 070317	07/03/2017	SELIC	0,00	4.783,50	
LTN	LTN 010113	01/01/2013	prefixado	12,74	841,76	
LTN	LTN 010114	01/01/2014	prefixado	12,87	744,18	
LTN	LTN 010115	01/01/2015	prefixado	12,88	658,81	0,2
NTN-B	NTNB 150515	15/05/2015	IPCA	6,67	2.036,59	
NTN-B	NTNB 150517	15/05/2017	IPCA	6,57	2.027,73	
NTN-B	NTNB 150535	15/05/2035	IPCA	6,19	2.037,87	
NTN-B	NTNB 150545	15/05/2045	IPCA	6,07	2.065,59	
NTN-B	NTNB 150820	15/08/2020	IPCA	6,53	2.040,95	
NTN-B	NTNB 150824	15/08/2024	IPCA	6,29	2.062,64	
NTNB PRINC	NTNB Principal 150515	15/05/2015	IPCA	6,67	1.609,41	0,2
NTNB PRINC	NTNB Principal 150535	15/05/2035	IPCA	6,06	509,36	
NTNB PRINC	NTNB Principal 150824	15/08/2024	IPCA	6,20	940,24	
NTN-F	NTNF 010117	01/01/2017	prefixado	12,74	905,75	
NTN-F	NTNF 010121	01/01/2021	prefixado	12,59	872,16	

Adicionar ao Carrinho

Ao pressionar o botão *Adicionar ao Carrinho* da tela *Comprar Títulos*, veja que é aberto um *Protocolo de Compra*:

Repare nas quantidades digitadas, confira outras informações da tela e, estando de acordo, insira sua assinatura eletrônica e pressione o botão *Confirmar*.

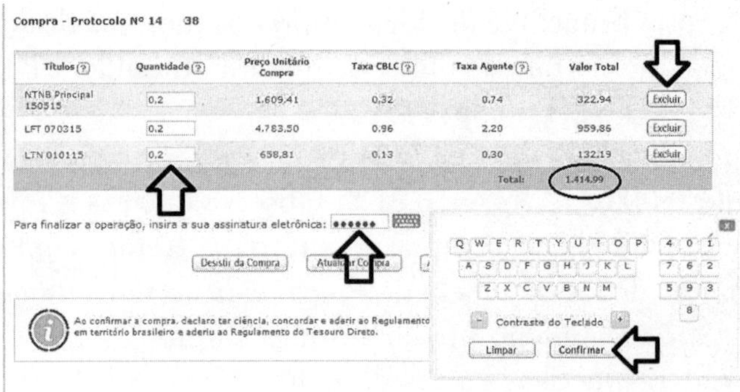

Está fechada sua nova compra de títulos públicos! Para constatar, percorra o caminho *Minha Conta* → *Operações e Movimentações* → *Tesouro Direto* – Protocolos:

Pressionando o botão *Consultar*, veja que aparece o seguinte protocolo de compra na coluna *Status – Em Liquidação*. Pressione então o botão *Detalhes*:

Lá está a operação realizada, nas quantidades e nos valores corretos! Mais uma vez, ao clicar na guia *Minha Conta*, o aplicador pode notar que às 12h56 da própria sexta-feira, 22/07/2011, a atualização ainda não havia sido feita em seu *Resumo de Investimentos*:

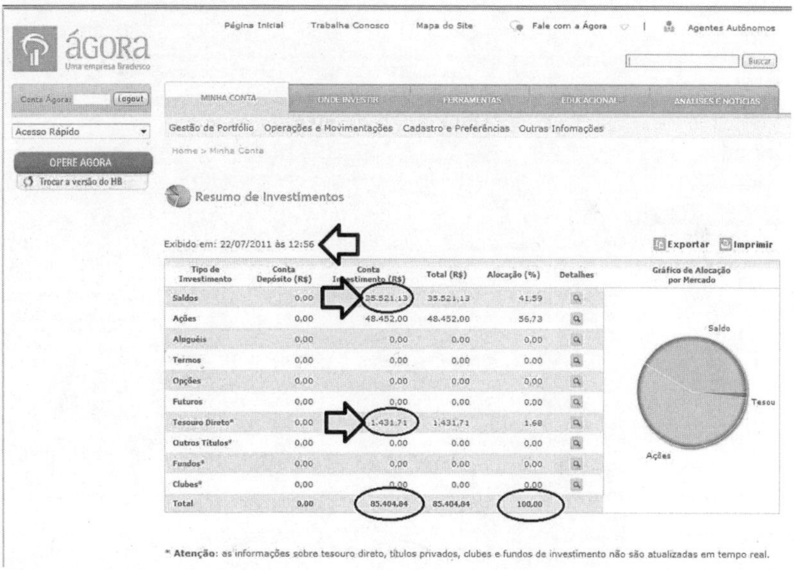

Nada que deva preocupá-lo, pois o investidor tem seu protocolo de compra em mãos e sabe que, a partir daí, é apenas questão de tempo para que os demais demonstrativos do site espelhem a operação de compra realizada.

Tanto que, às 17h04 da terça-feira seguinte, 26/07/2011, o aplicador recebe do Tesouro Direto a seguinte mensagem, enviada diretamente do site do TD para sua caixa de e-mails:

A sua compra de títulos públicos federais no Tesouro Direto, número de protocolo 14XXX38, foi liquidada com sucesso. Os títulos referentes a esta compra já estão disponíveis em sua conta de custódia no Agente de Custódia da CBLC ÁGORA CTVM S.A.

Atenciosamente,
Tesouro Nacional e Companhia Brasileira de Liquidação e Custódia

Para fechar sua conferência final, na manhã da quarta-feira (27/07/2011 às 11h28), o investidor entra em sua conta no site da Ágora e, ao clicar na guia *Minha Conta* , constata que agora tudo está devidamente atualizado em seu *Resumo de Investimentos*:

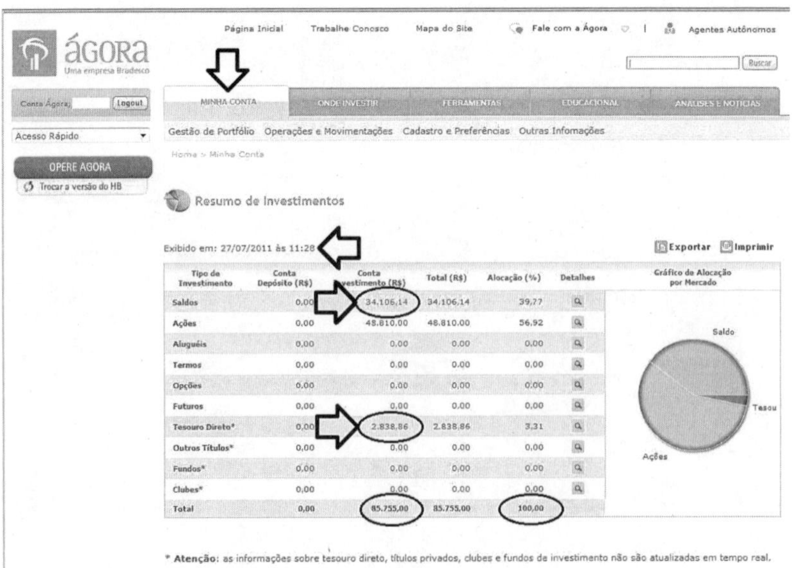

Repare que o saldo da Conta Investimento diminuiu de R$ 35.521,13 para R$ 34.106,14. A diferença a menor de R$ 1.414,99 corresponde justamente ao dinheiro que saiu dessa conta para cobrir a compra dos títulos públicos.

Já o saldo do Tesouro Direto subiu de R$ 1.431,71 para R$ 2.838,86, com uma diferença positiva de R$ 1.407,15, retratando o acréscimo das últimas compras feitas.

Nesse ponto, o leitor mais atento terá notado que essa diferença é R$ 7,84 menor que o valor retirado da Conta Investimento para bancar a compra (R$ 1.414,99). Por quê? Porque o novo valor atualizado do TD já considera as últimas cotações dos títulos públicos a mercado e, nesse caso, houve uma discreta queda nesses dias nos títulos detidos pelo investidor em sua carteira (como já vimos, nada que deva preocupar o investidor dinâmico construtor).

Por fim, note que o saldo total ficou praticamente inalterado: antes da atualização (na posição de 22/07/2011) estava em R$ 85.404,84, passando para R$ 85.755,00 (na posição de 27/07/2011). Na realidade, aqui houve um acréscimo de R$ 350,16.

Isso aconteceu porque a posição de ações valorizada a mercado nesse último demonstrativo havia subido de R$ 48.810,00 para R$ 48.452,00 (compare isso nos demonstrativos das duas datas), com acréscimo de R$ 358,00. Mas como a posição do Tesouro no mesmo período caiu R$ 7,84, no balanço total das diferentes posições de aplicações o saldo subiu esses R$ 350,16.

Sei que acabo de apresentar muitos números, mas é para mostrar a exatidão matemática das aplicações e dar a você a segurança *na ponta do lápis* de que dinheiro algum some por acaso da conta de um investidor cliente da Ágora. No seu devido tempo de processamento, todas as informações são corretamente atualizadas nos diversos demonstrativos do site. Uma prova de que a segurança de aplicar pela web é total.

Gostaria de conhecer ainda melhor os títulos públicos? Vamos lá!

Talvez você tenha chegado até este ponto na leitura deste livro, mas ainda não tenha de fato realizado suas primeiras aplicações em títulos do Tesouro Direto. Apesar de seduzido pela rentabilidade diferenciada desses ativos financeiros, sua grande segurança e excelente liquidez, talvez você queira conhecê-los e entendê-los mais a fundo, até para poder decidir-se melhor sobre qual deles comprar em suas aplicações.

É salutar que tenha esse tipo de preocupação, porque bons conhecimentos são o grande diferencial do investidor dinâmico. Vá ao site www.oplanodavirada.com.br, entre na área **Investimentos à Prova de Crise**, e encontre o *Kit de Ferramentas* disponível para baixar de forma gratuita. Este kit inclui o estudo **Radiografia Completa dos Títulos do Tesouro Direto**, abordando em detalhes cada um dos três principais grupos de títulos públicos disponíveis no Tesouro Direto: **Prefixados** (LTNs e NTNFs), **Indexados ao IPCA** (NTNBs – dois tipos, principal e "simples") e **Indexados à taxa Selic** (LFTs).

Se você já se sente suficientemente confortável com seus conhecimentos sobre os diferentes títulos públicos, poderá prosseguir com a leitura do próximo capítulo, que trata do investimento em ações da BM&FBovespa.

CAPÍTULO 8

ESCOLHENDO AS MELHORES AÇÕES PARA APLICAR SEU DINHEIRO

Uma estratégia para ganhar mais com ações, mantendo a segurança

Ações em geral sempre apresentam um *prazo de maturação longo* e, por isso, são basicamente indicadas para planos de investimentos com *prazo de realização longo*, superior a cinco anos. Em um horizonte mais alongado, as ações de maior liquidez (as mais negociadas) da BM&FBovespa tendem a superar momentos ruins de mercado e conseguem se valorizar de maneira muito diferenciada em relação às aplicações convencionais, ou mesmo em relação aos títulos públicos. Neste capítulo, você encontrará uma proposta de estratégia para ganhar mais com ações e, ao mesmo tempo, preservar a segurança.

Desejo esclarecer que a estratégia aqui sugerida propõe conseguir com seu investimento em ações uma sensível diferença na rentabilidade mensal em relação às aplicações convencionais, mas nada de "mágicos" ganhos instantâneos.

Adotando o caminho aqui proposto, você poderá constatar uma diferença surpreendente na rentabilidade *real* obtida, bem como uma diferença positiva quase inacreditável na rentabilidade *acumulada* ao longo do tempo. Justamente por isso precisamos do longo prazo para colher resultados verdadeiramente diferenciados com nossas aplicações em ações.

No longo prazo, boas ações apresentam rentabilidade diferenciada

Logo no início deste livro, argumentei que as ações de boas empresas brasileiras podem lhe pagar algo como 1,30% ao mês de *rentabilidade bruta nominal mensal média* no longo prazo (a partir de cinco anos). Descontado-se daí 15% de IR (incidentes sobre os ganhos com ações em qualquer prazo de aplicação) e deduzindo também 1% de taxas de negociação (sobre o ganho bruto), chegamos a 1,10% ao mês de rentabilidade *líquida*. Mais uma vez, subtraindo-se daí a inflação de 0,50% ao mês, apuramos que isso dá a rentabilidade líquida *real* mensal de 0,60%, o que corresponde *ao dobro* do que se pode esperar obter com aplicações em títulos do Tesouro Direto (0,30%) e *seis vezes* o que se pode conseguir na caderneta de poupança (0,10%).

Acumulada no longo prazo, essa diferença se potencializa e produz múltiplos de ganhos diferenciados que podem fazer com que as ações lhe proporcionem ganhos *dezenas de vezes* superiores àqueles obtidos nas aplicações financeiras convencionais, porém sem correr riscos desnecessários. Se você estiver disposto a *construir* um patrimônio sólido, veja o caminho que tenho a lhe mostrar e a lhe propor.

No longo prazo, ações da Bovespa superam crises e se valorizam

Você pode estar lendo este livro justamente em dias de "bolsa ruim", ou seja, períodos de queda acentuada no Ibovespa. Não desanime com flutuações de curto ou curtíssimo prazo nas bolsas de valores, nem mesmo com períodos de baixa a médio prazo. Mantenha o foco no longo prazo e as ações das boas companhias brasileiras de capital aberto farão sua parte em favor de suas economias. Conte com essa força multiplicadora.

O desempenho histórico da bolsa de valores no Brasil aponta exatamente na direção do que acabo de afirmar, pois a rentabilidade líquida nominal mensal média das 60 ações mais negociadas na Bovespa nos últimos dez anos (2001 a 2010), conforme apurado pelo Ibovespa, foi de 1,16%. Descontada daí a inflação de 0,50%, ainda ficamos com 0,66% de rentabilidade líquida real mensal média (ainda acima dos 0,60% que tenho proposto).

Se reduzirmos o horizonte de cálculo para cinco anos (2006 a 2010), ainda assim a rentabilidade líquida nominal mensal média resultará em 1,08%, mesmo considerando que esse prazo traz o reflexo dos efeitos de uma das maiores crises da história econômica mundial, o que deprimiu o mercado acionário em todo o globo e trouxe uma queda acentuadíssima para a Bovespa, pelo menos em determinado momento no qual os mercados globais amargavam o pior da crise.

Ao ampliarmos o horizonte de análise para o longuíssimo prazo, digamos, 15 anos (1996 a 2010), encontraremos 1,50% de rentabilidade líquida nominal mensal média, e nada menos que 0,90% de rentabilidade *real* mensal, um número ainda bem mais atraente do que aquele que estou propondo projetar em seus planos (0,60% ao mês).

Seja em análises de cinco, dez, seja de quinze anos, encontramos nas ações das empresas brasileiras mais líquidas algo bem próximo daqueles 1,10% de rentabilidade líquida nominal mensal média no longo prazo que tenho sugerido como alvo para suas aplicações superdinâmicas no mercado acionário, com rentabilidade líquida real mensal média próxima de 0,60%.

Rentabilidade passada não é garantia de rentabilidade futura, mas o cenário daqui para a frente é ainda mais promissor para a economia brasileira — e para nossas boas companhias de mercado aberto — do que o panorama que tivemos nos últimos cinco ou dez anos. Por que, então, não nos darmos o direito de trabalhar com projeções de rentabilidade diferenciada dessa magnitude? Afinal, a história e os fundamentos econômicos nos sinalizam que esses parâmetros são atingíveis.

É apenas natural que boas ações se valorizem mais no longo prazo

A tese fundamental que dá base à expectativa de ganhos diferenciados com ações no longo prazo é muito simples: empresas competitivas e competentes, ou seja, companhias com estratégias de negócios bem posicionadas em setores promissores da economia e com negócios bem geridos por seus administradores, tenderão a apresentar lucratividade diferenciada em suas operações com o passar dos anos. Essa é uma "aposta" para lá de certeira, pois está calcada no mais puro bom senso econômico-financeiro da atividade empresarial, em vigor desde que o mundo é mundo: competitividade e competência empresarial produzem lucros corporativos destacados no tempo.

No longo prazo, esse desempenho empresarial (e financeiro) diferenciado será inevitavelmente reconhecido pelo mercado por meio de uma valorização também diferenciada nos preços de suas ações negociadas em bolsa de valores, afinal, o mercado é basicamente livre e seus participantes tentam continuamente obter maiores ganhos de maneira consistente e acabam demandando mais intensamente aqueles ativos financeiros de comprovada consistência econômica, o que faz com que esses ativos se valorizarem de maneira diferenciada com o passar dos anos.

A irracionalidade das bolsas no curto prazo não se sustenta no longo

No curtíssimo prazo, no curto ou até mesmo no médio prazo, a dinâmica de formação de preços no mercado de ações pode escapar à lógica dos bons fundamentos econômicos nacionais, pendendo provisoriamente para uma tocada mais meramente especulativa.

Há basicamente três fatores que podem sustentar a irracionalidade das bolsas de valores em prazos mais curtos:

- A economia é cíclica e dá natural ensejo a altos e baixos em todos os mercados, inclusive nos financeiros, aí incluso o mercado acionário.
- Os mercados financeiros têm todos os tipos de *players* (apostadores), inclusive especuladores, embora não sejam a maioria. A participação desses "jogadores" no mercado pode fustigar a volatilidade, ou seja, a flutuação acentuada nas bolsas quando há um mínimo de ensejo macroeconômico para tanto.
- As principais bolsas de valores do mundo — como a nossa BM&FBovespa — são hoje globalizadas e, por isso, estão sujeitas aos movimentos oscilatórios das economias e dos mercados financeiros mundiais a curto e médio prazos.

Mas é importante reconhecer que, no Brasil, bem como em qualquer outra economia pujante do globo, o mercado acionário tem uma inescapável *racionalidade de longo prazo* que tende a valorizar de maneira diferenciada ativos financeiros de verdadeira qualidade intrínseca, aqueles que têm seu lastro na exploração de uma atividade econômica bem focada, bem administrada e operacionalmente lucrativa. Esses ativos podem cair acentuadamente de preço em determinados momentos mais especulativos do mercado, mas, se tendem a ficar muito baratos com o passar do tempo, atraem a atenção de compradores (inclusive internacionais) em busca de boas ofertas. Mais uma vez, é a velha e boa lei da oferta e da demanda trabalhando a favor da estabilização e da racionalização dos mercados ao longo do tempo. Na prática, as estatísticas de longo prazo das bolsas de valores (pelo menos da nossa Bovespa) comprovam essa tese.

Se você enxerga motivos para concordar com o raciocínio que acabo de expor (e é fundamental que tenha *sua própria opinião formada* a respeito), então não há dúvida de que as ações de boas empresas brasileiras são as aplicações financeiras mais indicadas para seus planos de investimentos de prazo longo, pois elas provavelmente o levarão bem mais longe e permitirão a concretização de sonhos de maior porte.

Para ganhar mais com as ações, trace bons planos de investimento

O primeiro passo para realizar aplicações mais dinâmicas é traçar bons planos de investimento, um para cada grande sonho de compra e consumo da sua vida. Um bom plano lhe mostrará qual é o prazo de realização de sua meta de acumulação para realizar o sonho e indicará qual é o valor da mensalidade que deverá ser destinado a qual tipo de aplicação financeira para conseguir bater sua meta de acumulação com sucesso. (Se ainda não traçou planos na ponta do lápis, veja o último capítulo deste livro.)

Para você que já escolheu seus sonhos de longo prazo e elaborou cuidadosamente um plano de investimentos para cada sonho, desejo agora apresentar uma estratégia "cinco estrelas" para escolher exatamente *em quais ações* aplicar seu dinheiro e ser muito bem-sucedido. Essa regra serve para a escolha das aplicações financeiras de qualquer sonho de longo prazo e está calcada em buscar *boa informação*, tomando decisões bem esclarecidas.

Primeiramente, vale relembrar que o investidor acumulador, aquele que aplica em ações para poder colher bons frutos alguns/vários anos depois, *jamais* deve estar preocupado com a oscilação do valor das suas ações de um dia para o outro, ou mesmo de um mês para o outro, sequer de um ano para outro. Ao escolher as ações que deverão fazer parte da sua carteira de investimentos, o desafio do investidor dinâmico construtor será selecionar empresas sólidas, bem posicionadas em setores promissores da economia e bem geridas, empresas que provavelmente terão bons resultados financeiros nos próximos anos, pois sabemos que esses resultados se espelharão a longo prazo na cotação de suas ações.

O importante é *sempre* comprar ações — um pouco todo mês

Para quem anda assustado com a acentuada flutuação nos preços das ações negociadas na BM&FBovespa desde o início da última grande crise mundial, venho fazer um alerta de certa forma tranquilizador: a bolsa de valores não é um cassino, sua corretora não é um crupiê, suas ações não são fichas, e o investidor construtor não é um apostador, nem "azarado", nem "azarão". Nossa bolsa de valores é um mercado de investimentos sério, organizado e com excelente potencial de valorização diferenciada para investidores dinâmicos construtores, aqueles aplicadores cujo lema é: "Para seus planos de longo prazo, o bom é investir em ações *sempre*, um 'pouquinho' todos os meses, esquecendo as oscilações de curto prazo do mercado."

O investidor que estiver disposto a poupar e aplicar regularmente determinada mensalidade em boas ações, durante vários meses e anos rumo ao longo prazo, simplesmente não tem como errar. Ainda que escolha como alvo de seus investimentos uma ação que, em alguns momentos mais tensos de mercado, venha a se desvalorizar, mesmo assim esse investidor pode ganhar mais dinheiro do que outro investidor que aplique em outra ação com constante valorização. É isso mesmo que estou dizendo: dependendo das circunstâncias, é mais viável ganhar dinheiro com ações em um mercado acionário flutuante do que em outro puramente ascendente. Isso parece um contrassenso financeiro, mas o raciocínio fica bem claro quando colocado na ponta do lápis.

Quem compra ações em um mercado ascendente sempre ganha

Suponha um aplicador disposto a destinar R$ 1 mil todos os meses para um plano de investimentos com prazo de realização de 61 meses. Ciente de que dispõe do longo prazo (acima de cinco anos) para esperar amadurecer suas aplicações, esse investidor seleciona como destino para suas preciosas economias uma ação de uma determinada boa empresa, cuidadosamente escolhida entre as mais líquidas do mercado. Essa ação está cotada a R$ 10,00 no primeiro mês de aplicação. Bem escolhida como foi, vamos imaginar que a partir daí ela comece a *subir* continuamente, valorizando-se à base de R$ 0,20 por mês, todos os meses, até chegar ao preço de R$ 22,00 após cinco anos (aos 61 meses). O investidor terá conseguido comprar nesses meses todos 4.015 dessas ações, que valerão ao final do período R$ 22,00 cada, ou R$ 88.330,00 no total bruto. Após descontar o imposto de renda de 15% sobre os ganhos médios, sobrariam líquidos em seu bolso R$ 84.230,00. O ganho acumulado nesse plano teria sido de R$ 24.230,00, ou 1,03% de rentabilidade líquida mensal média.

Essa parece ter sido uma boa estratégia, pois seu resultado ficou bem próximo do que se pode esperar em termos de rentabilidade líquida diferencial para uma aplicação dinâmica no prazo de cinco anos. Sendo assim, concluímos que esse investidor está satisfeito.

Quem compra ações que oscilam, pode pensar que está perdendo

Agora imagine outra situação: o aplicador investe esses mesmos R$ 1 mil por mês em outra ação, também criteriosamente selecionada, também cotada a R$ 10,00 no primeiro mês de compra, mas com uma surpreendente diferença: logo no segundo mês ela começa a *cair* de valor e prossegue caindo mês a mês, também à base de R$ 0,20 mensais, até chegar ao preço mínimo de R$ 4,00 daqui a dois anos e meio (31 meses).

Essa parece ter sido uma péssima aplicação mas, confiante em sua escolha, o investidor segue fazendo os aportes mensais planejados de R$ 1 mil, comprando a cada mês a máxima quantidade dessas ações que sua mensalidade fixa lhe permite. Então, a partir do 32º mês a ação começa a recuperar seu valor aos poucos, também à velocidade de R$ 0,20 por mês, até se concluírem os mesmos cinco anos da situação anterior (61 meses), quando a ação oscilante finalmente volta a seu preço de largada, que era de R$ 10,00. Puxa, apesar da recuperação, o preço apenas voltou ao patamar de cinco anos atrás! À primeira vista, essa escolha parece ter sido muito ruim, mas quando o assunto é investimentos e finanças pessoais, as aparências enganam, e a prova tem de ser sempre tirada na ponta do lápis.

Uma ação *oscilante* pode render mais que uma ação ascendente

Para quem fez uma compra única de ações há cinco anos por R$ 10,00 e 61 meses depois foi vendê-las pelos mesmos R$ 10,00, depois de ter passado tanto nervoso com as oscilações de mercado, o negócio foi bem ruim mesmo. Todavia, o mesmo não acontece para quem seguiu comprando as ações regularmente, aproveitando seu preço mais baixo para comprar mais ações com a mesma verba mensal enquanto o mercado caía. Nessa segunda situação, enquanto as ações barateavam, o investidor teria conseguido comprar uma quantidade muito maior de papéis, acumulando um total de 9.264 ações. Ao final dos cinco anos, estando cotadas a R$ 10,00 cada, as ações oscilantes estocadas poderiam ser vendidas pelo valor bruto de R$ 92.647,00 e líquido de R$ 87.900,00 (descontado o IR de 15% sobre os ganhos), deixando líquidos no bolso do aplicador R$ 27.900,00, ou 1,16%. Enfim, uma rentabilidade *ainda maior* que no caso da ação em constante alta!

Moral da história: **"Para seus planos de longo prazo, o bom é investir em ações *sempre*, um 'pouquinho' todos os meses, esquecendo as oscilações de curto prazo do mercado"**. Está confirmado o lema do investidor dinâmico construtor! Essa estratégia de comprar ações sempre, com regularidade (de preferência mensal), é uma saída para "enganar o risco" das oscilações de curto prazo. Ao agir assim, o investidor garante a oportunidade de fazer um interessante preço médio na compra de ativos de qualidade, como as ações de boas empresas brasileiras, comprados em um mercado com inegável tendência para valorização diferenciada no longo prazo, como é o caso da bolsa de valores em nosso país.

Para o investidor que atua no mercado acionário como comprador frequente, não há o que lamentar: quando as ações desejadas estão caindo, a mesma mensalidade permite comprar mais ações. Quando elas estão subindo de valor, que bom, é sinal de que seu estoque já formado nos meses e anos anteriores está se valorizando! Para o investidor dinâmico construtor, que acredita na valorização diferenciada a longo prazo das ações de boas empresas brasileiras de capital aberto, simplesmente não há mês ou ano de bolsa ruim.

Aplique somente em ações de primeira linha e preserve sua segurança

Você já sabe que não é bom concentrar todas as suas aplicações em ações de uma única empresa, o que aumenta o risco de essa empresa eventualmente vir a frustrar suas expectativas de ganho. Também não convém carregar ações demais na sua carteira, porque dá muito trabalho acompanhar e isso acaba não compensando para o pequeno/médio investidor não profissional.

Nem tanto à terra, nem tanto ao mar, nem superconcentrar, nem hiperdiversificar, isso é o que lhe recomendarei a seguir. Pois aqui está o "mapa do tesouro" para selecionar as "melhores" ações do mercado.

Vá ao site da BM&FBovespa (www.bmfbovespa.com.br) e, na página de entrada, posicione o cursor sobre a segunda aba da esquerda para a direita, denominada *Mercados*. Daí descerá uma lista cujo primeiro item é *Ações*. Clique nele. Uma vez na página de *Ações*, no menu da esquerda, clique no item *Estatísticas* (a apresentação dos sites de internet é dinâmica, e esse caminho de navegação pode ser alterado a qualquer momento. No entanto, busque as informações a que me refiro a seguir, porque elas não terão desaparecido do site da BM&FBovespa).

Você será então direcionado a uma página que contém informações muito interessantes para quem deseja analisar os movimentos passados do mercado brasileiro de ações. "Rentabilidade passada não é garantia de rentabilidade futura", reza o bordão das aplicações financeiras. Mas uma boa análise histórica, somada a uma análise em perspectiva futura, das aplicações nas quais pretende "apostar" seu dinheiro, poderá certamente fazer de você um investidor mais bem informado e consciente.

Uma vez na página *Estatísticas*, vá novamente ao menu da esquerda e clique no último item: *Edições Disponíveis*. Apenas para se familiarizar melhor com o conteúdo, observe que, na caixa de escolhas que aparece no centro da página, já estará selecionado o último mês disponível, mas note que há um histórico bem extenso de meses disponíveis, com valiosas informações históricas sobre nosso mercado acionário. Em seguida, volte ao mesmo menu da esquerda, um pouco mais acima, clique em *Ações mais Negociadas* → *Lote-Padrão* → *nos Últimos 12 meses*. Você tem aí uma lista das 20 ações mais negociadas nos últimos 12 meses findos no último mês disponível. Imprima essa lista ou salve-a em arquivo formato PDF no seu computador (se tiver instalado um programa para gravar em PDF).

Volte ao item *Edições Disponíveis* e, dessa vez, selecione na caixa de escolhas no centro da página o mês correspondente a 12 meses atrás. Novamente, vá o item *Ações mais Negociadas* → *Lote-Padrão* → *nos Últimos 12 meses*, e tire uma nova impressão da lista que aparecer.

Repita essa operação para os últimos cinco anos e você terá em mãos cinco listas, cada uma com as 20 ações mais negociadas nos últimos 12 meses, para cinco anos consecutivos. Tais ações costumam responder por dois terços de tudo o que é negociado no mercado acionário brasileiro. São as chamadas *blue chips*, ações de primeiríssima linha, os papéis de melhor liquidez, as "queridinhas" do mercado.

Cinco estrelas que poderão transformar seus sonhos em realidade

Concluído o exercício proposto anteriormente, você terá o conhecimento das 20 ações mais negociadas nos últimos cinco anos, as "campeãs" de liquidez da Bovespa, as ações que o mercado mais aprecia comprar e vender. Em suma, dá para afirmar com considerável grau de segurança que se trata das "melhores" ações para aplicar seu dinheiro no longo prazo, mesmo que no curto prazo não sejam necessariamente as mais rentáveis. São essas as ações que provavelmente apresentarão melhor correlação entre os *bons resultados operacionais* de suas respectivas empresas ano após ano, e a *valorização efetiva de suas cotações* no mercado ao longo do tempo. Na falta de uma bola de cristal para antever o futuro, essas 20 ações, em virtude de seu histórico de excelente liquidez, são as mais fortes candidatas em termos de aplicações para receberem "o voto" das mensalidades de seus planos de investimentos de longo prazo.

Eis, portanto, minha sugestão: monte sua carteira "cinco estrelas" selecionando as cinco ações que estejam presentes em todas as cinco listas. Na sua "garimpagem", convém também ter o cuidado de procurar diversificar entre diferentes setores da economia. Em vez de concentrar suas escolhas somente em ações do setor de petróleo, gás e biocombustível, diversifique também para mineração, siderurgia, construção e transporte, consumo não cíclico (por exemplo, agropecuária, alimentos processados e bebidas), consumo cíclico (por exemplo, tecidos, vestuário e calçados, mídia e hotelaria), tecnologia da informação, telecomunicações, bancos e setor financeiro etc.

Essa "constelação" pode crescer: as cinco estrelas podem ser dez

Naturalmente, poder diversificar seus investimentos em maior ou menor grau é algo que depende do porte do investidor. Se você tem planos de investimentos com mensalidades mais "parrudas" (acima de R$ 1 mil mensais) e se tem diversos planos de investimentos focados em variados sonhos, está mais perto de poder fortalecer sua carteira com um número ainda maior de boas ações. Nesse caso, em vez das "cinco estrelas", eu lhe proponho "dez estrelas", selecionadas conforme praticamente o mesmo critério de grande liquidez exposto anteriormente, mas ainda focando em apenas cinco segmentos, com *duas* empresas por segmento, em vez de apenas uma.

Nesse caso, para cada diferente setor, o aplicador escolheria duas ações: uma da empresa mais líquida nesse ramo de atividade econômica e outra de uma empresa também importante, mas secundária, conforme um dos seguintes critérios de atratividade:

- A principal empresa *concorrente* da líder.
- Uma empresa de atividade *complementar* à líder.
- Uma empresa *pujante*, que ainda está um pouco longe da líder em sua participação no setor, mas que vem crescendo em velocidade (de negócios) superior à líder, por isso o mercado está "de olho nela".

Para que eu possa lhe dar exemplos práticos, peço que veja agora a tabela (na página seguinte) das 20 ações mais líquidas da Bovespa entre julho de 2010 e junho de 2011:

Vamos então supor, por exemplo, que, ao montar sua carteira de ações, o investidor tenha selecionado o segmento *bancos e setor financeiro*. Nesse ramo de negócios, a ação hoje mais líquida é a do *Itaú Unibanco* (ITUB4), a quarta empresa no ranking geral de liquidez da Bolsa. Como papel secundário nesse setor, valeria comprar também a ação do megaconcorrente *Bradesco* (BBDC4), porque essas duas grandes

Nos Últimos 12 Meses - Julho/ 2010 a Junho/2011

Ação	Tipo	Volume (R$)	Part.(%) (a)	Part.(%) Acumulado
VALE	PNA N1	169.876.248.376	12,03	12,03
PETROBRAS	PN	150.529.290.177	10,66	22,70
OGX PETROLEO	ON NM	74.687.959.179	5,29	27,99
ITAUUNIBANCO	PN ED N1	56.988.864.609	4,04	32,03
PETROBRAS	ON	40.512.487.564	2,87	34,90
BMFBOVESPA	ON EDJ NM	39.348.669.056	2,79	37,68
BRASIL	ON EJ NM	38.652.436.337	2,74	40,42
VALE	ON N1	38.402.600.560	2,72	43,14
BRADESCO	PN EJ N1	38.126.862.750	2,70	45,84
GERDAU	PN N1	33.278.386.732	2,36	48,20
USIMINAS	PNA N1	30.243.555.088	2,14	50,34
PDG REALT	ON NM	22.997.359.305	1,63	51,97
SID NACIONAL	ON	19.937.949.221	1,41	53,39
ITAUSA	PN ED N1	19.068.292.327	1,35	54,74
CYRELA REALT	ON NM	19.025.694.294	1,35	56,08
HYPERMARCAS	ON NM	16.497.741.334	1,17	57,25
AMBEV	PN	16.367.024.805	1,16	58,41
P.ACUCAR-CBD	PN N1	15.533.300.517	1,10	59,51
BRF FOODS	ON EJ NM	15.039.180.522	1,07	60,58
MRV	ON NM	14.330.532.250	1,02	61,59

(e excelentes!) empresas vivem disputando o posto de maior banco da América Latina. Ambas estão bem posicionadas em uma área muito promissora da nossa economia, são extremamente bem geridas, lucrativas e promissoras. Por isso, o valor de suas ações tende a subir de maneira diferenciada no longo prazo.

Vamos imaginar que o aplicador também tenha selecionado o ramo de *petróleo, gás e biocombustível*. Nesse caso, a escolha óbvia é a *Petrobras* (PETR4), que costuma revesar-se com a Vale no posto de primeiríssima no ranking de liquidez da Bovespa. Uma boa escolha secundária seria as ações da *OGX Petróleo* (OGXP3), uma empresa bastante nova se comparada à tradicional Petrobras, mas que fez sua oferta pública de ações há poucos anos com grande sucesso, parece ter em mãos contratos e jazidas muito importantes e já começa a mostrar um desempenho operacional arrojado.

Pense ainda no investidor que deseja trabalhar em sua carteira acionária os setores de *mineração e siderurgia*, que são quase um contínuo na cadeia de produção. Nesse caso, além da escolha óbvia da campeoníssima *Vale* (VALE5), seria interessante colocar em sua carteira também uma ação como *Gerdau* (GGBR4). Grosso modo, o minério que a Vale extrai do solo a Gerdau transforma em aço para a indústria, em uma interessante complementaridade de atividade econômica.

Obtenha o código de negociação e outras informações da empresa

Para operar no Home Broker, você precisará ter em mãos o *código de negociação Bovespa* específico das ações das empresas que pretende comprar/vender. Trata-se de um conjunto de letras e números que funciona como o "número de RG" de cada empresa. Para obter essa e outras informações importantes sobre as empresas nas quais deseja investir, como cotações a mercado, últimas notícias, relatórios financeiros e mais, vá ao site www.bmfbovespa.com.br e, na página de entrada, posicione o cursor sobre a segunda aba da esquerda para a direita, denominada *Mercados*. Então, aparecerá uma lista cujo primeiro item é *Ações*: clique nele. Uma vez na página de *Ações*, no menu da esquerda, clique no item *Empresas* e, no menu complementar que aparecerá logo abaixo desse item, clique em *Empresas Listadas*.

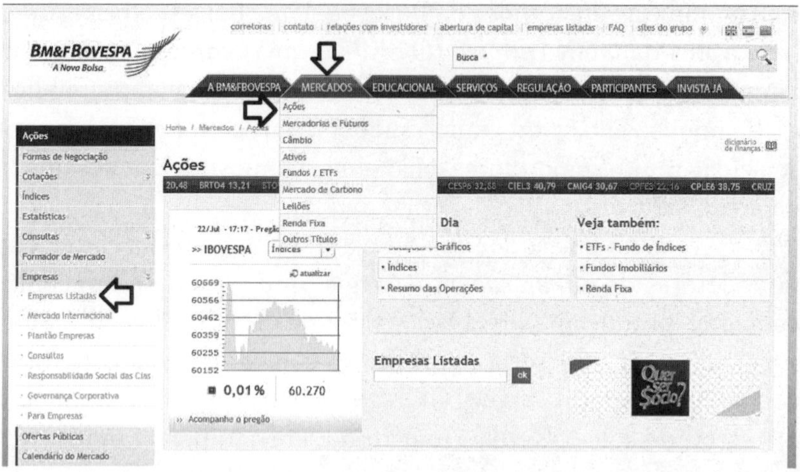

Uma vez na página de *Empresas Listadas*, você poderá encontrar a empresa sobre a qual deseja informações buscando por nome, caso se lembre do nome correto (veja a caixa em branco para digitá-lo), ou pesquisando as empresas cujo nome começa com determinada letra. Vamos imaginar que estejamos buscando informações sobre a Petrobras; sendo assim, clicamos no botão correspondente à letra P:

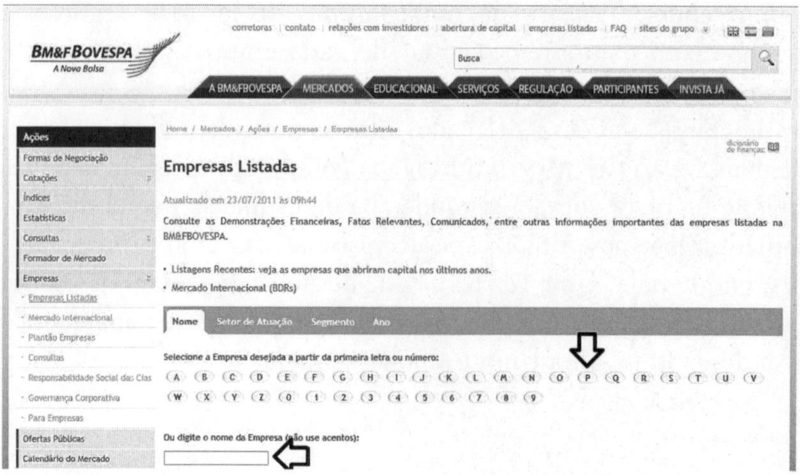

Clicando no botão da letra P, veremos uma listagem completa de todas as empresas listadas na Bovespa cujo nome começa com essa letra. Localizando *Petrobras* nessa lista, clique no link dessa empresa:

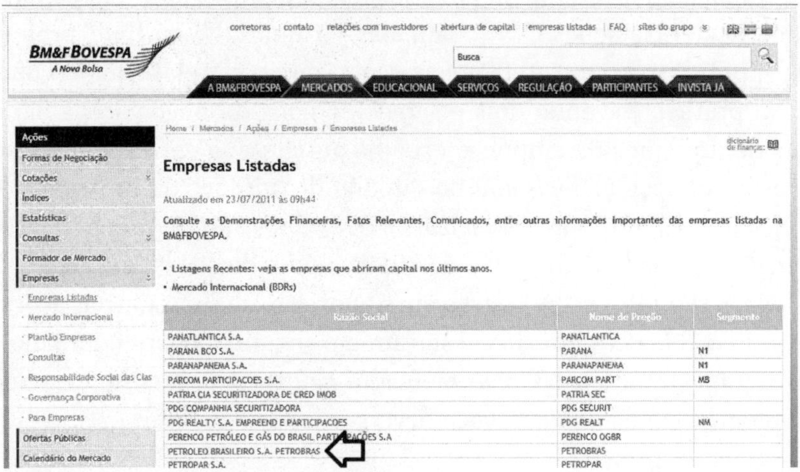

Aqui você encontrará a página com as principais informações da empresa buscada, nesse caso, a Petrobras:

Repare que o primeiro código de negociação apresentado para a Petrobras é PETR3. Ele se refere às ações Petrobras ON. Mas há também o código PETR4, que corresponde às ações Petrobras PN. Qual você deve tomar como referência para suas aplicações? Aqui não explicarei a diferença entre ações ON (chamadas "ordinárias") ou PN ("preferenciais"), pois isso pouco afeta a estratégia "cinco estrelas" que recomendo. Na prática, havendo dois ou mais códigos de negociações para as ações de uma mesma empresa, escolha aquele que corresponde à ação que está em posição *mais alta* no ranking de liquidez da Bovespa.

No caso da Petrobras, naquela lista que vimos anteriormente (listagem das mais negociadas entre julho de 2010 e junho de 2011), a ação de código PETR3 (Petrobras ON) estava em 5ª posição, ao passo que as ações de código PETR4 (Petrobras PN) estavam em segundo lugar no ranking das mais líquidas e desejadas pelo mercado. Então, pelo critério de seleção aqui proposto, o da *liquidez*, você deveria escolher PETR4.

Nos Últimos 12 Meses - Julho/ 2010 a Junho/2011

Ação	Tipo	Volume (R$)	Part.(%) (a)	Part.(%) Acumulado
VALE	PNA N1	169.876.248.376	12,03	12,03
PETROBRAS	PN	150.529.290.177	10,66	22,70
OGX PETROLEO	ON NM	74.687.959.179	5,29	27,99
ITAUUNIBANCO	PN ED N1	56.988.864.609	4,04	32,03
PETROBRAS	ON	40.512.487.564	2,87	34,90

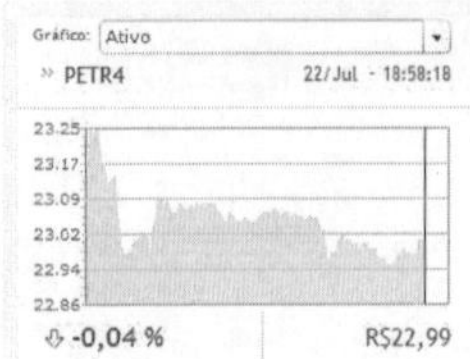

Repare ainda no campo à direita da página de informações da empresa que há um gráfico mostrando a variação de preço da ação ao longo do dia, com sua valorização em relação ao dia anterior (0,15%) e seu preço no horário mostrado (R$ 25,49 às 18h46 de 22/07/2010) para a PETR3, a primeira ação apresentada na lista de códigos de negociação. Para enxergar a que, no caso, lhe interessa mais, PETR4, basta selecionar *Ativo* no campo *Gráfico*:

Por fim, ainda na página de informações da empresa, note que logo abaixo do nome dela há várias abas. Por enquanto, estávamos enxergando o conteúdo apenas da aba *Principal*, mas há também as abas *Relatórios Financeiros*, *Informações Relevantes*, *Eventos Corporativos* e *Histórico de Cotações*, todas elas contendo informações bastante relevantes da empresa na qual você pretende aplicar suas economias:

Faça o rebalanceamento de suas estrelas para mantê-las brilhando

Feita a seleção de suas "estrelas", passe a "apostar" a(s) mensalidade(s) de seu(s) plano(s) de investimento de longo prazo nessas cinco (ou dez) ações, de cinco diferentes setores econômicos, entre as mais negociadas na bolsa de valores nos últimos cinco anos.

Passado um ano da montagem da carteira inicial — e não precisa ser antes disso —, faça a mesma pesquisa, tirando o "ano mais velho" e incluindo o "último ano". Agora será o momento de fazer um discreto rebalanceamento. Venda as ações da(s) empresa(s) que porventura ficar(em) de fora do novo ranking e compre, em substituição a ela(s), ações da(s) nova(s) empresa(s) que terá(ão) entrado na lista em lugar destas. Enfim, vá reciclando suas estrelas, para mantê-las sempre bem polidas, lustrosas e brilhantes!

Essa estratégia "cinco estrelas" é simples e você não precisa ser nenhum "rato de mercado" para adotá-la, uma vez que se encaixa adequadamente ao pequeno e médio investidor com perfil dinâmico construtor, que tem o longo prazo para esperar a maturação de suas ações, já que selecionou essa modalidade de aplicação financeira para concretizar suas metas de acumulação financeira também de longo prazo.

No longo prazo, vá pelo mercado! São milhares de investidores operando todos os dias: se, com o passar do tempo, eles nos indicam as ações que mais vale a pena negociar, é melhor acreditar. No curto prazo, a maioria dos aplicadores pode ser "burra", pode estar "cega" e "equivocada", fazendo cotações absurdamente baixas (ou altas). Porém, no longo prazo, felizmente impera o consenso de mercado calcado no bom senso financeiro, que leva à correta avaliação e valoração das boas empresas brasileiras de capital aberto e de suas promissoras ações negociadas na bolsa de valores.

Defina corretamente a periodicidade de compra de suas ações

Com sua lista de compras em mãos, você está bem próximo de poder emitir suas ordens mensais de compra no Home Broker dessas cinco ou dez ações escolhidas pela estratégia proposta das "estrelas" da BM&FBovespa, e aqui deve entrar um cuidado especial com os gastos de taxas de corretagem. Se emitir cinco diferentes ordens de compra por mês, sendo uma ordem para cada uma das ações selecionadas, acabará pagando taxa de corretagem por cada uma dessas cinco ordens, e isso poderá prejudicar a rentabilidade líquida de seus investimentos construtivos em ações.

Considerando isso, talvez você deva concentrar suas aplicações de cada mês em uma única ação da sua lista das eleitas, emitindo uma única ordem de compra e, assim, pagando uma única taxa de corretagem por mês. No mês seguinte, faça o mesmo com a próxima ação da sua lista, e assim por diante. Isso não é o ideal do ponto de vista da diversificação, mas se o valor da mensalidade de seu plano de investimentos de longo prazo for mais modesto (inferior a R$ 1 mil mensais), talvez a taxa de corretagem represente uma subtração muito grande sobre a quantia poupada e investida a cada mês.

No caso de aplicações mensais de poucas centenas de reais, para impedir que a taxa de corretagem achate seus ganhos líquidos em ações e anule a rentabilidade diferenciada que você espera, o mais indicado é aplicar provisoriamente na própria caderneta de poupança o valor de suas mensalidades planejadas para investimento em ações e, uma única vez por ano, fazer suas compras das cinco ações escolhidas para sua carteira.

Agora, o ideal mesmo é enxugar bem os desperdícios em seu orçamento pessoal e familiar, buscar ter gastos mais econômicos (sem deixar de viver bem no dia a dia), livrar-se das dívidas mais preocupantes por intermédio de um bom replanejamento de seus débitos e, assim, garantir uma capacidade de poupança e acumulação mais fortalecida.

As aplicações em ações não farão "milagres" por você; elas apenas darão um retorno mais digno ao dinheiro que efetivamente for destinado a esse modo dinâmico e muito rentável de aplicar suas economias e realizar seus maiores sonhos de compra e consumo.

Para caprichar na diversificação, compre também ações de ETFs

O termo ETF vem do inglês, *Exchange Traded Fund*. Em uma tradução livre, *Fundo Negociado na Bolsa*. Sim, ações de determinados fundos de investimento também podem ser comercializadas na bolsa de valores, e isso é uma boa notícia para o investidor dinâmico construtor, que acredita na possibilidade de auferir ganhos diferenciados no mercado acionário brasileiro sem correr riscos desnecessários.

O movimento dos ETFs já oferecidos na Bovespa foi de R$ 7 bilhões em 2010. Comparando-se isso com o R$ 1,6 trilhão de todos os negócios realizados na bolsa ao longo desse mesmo ano, apuramos que os ETFs já respondem por cerca de 0,44% do volume total de giro do mercado de ações em nosso país, algo como o volume inteiro de *um dia típico* de negociação na Bovespa.

Um ETF é um fundo de investimento que tem ações negociadas na bolsa de valores, assim como qualquer outra companhia de capital aberto, mas nada que deva surpreender, se lembrarmos que, na prática, cada fundo funciona como uma empresa, tendo inclusive seu próprio CNPJ, que é distinto do CNPJ das instituições financeiras que fazem sua gestão e administração.

O apelo de um ETF é que esse fundo procura ter uma carteira que replique a carteira de algum índice do mercado, como o próprio Ibovespa. Esse é o caso do *iShares Ibovespa Fundo de Índice*, que tem código de negociação Bovespa identificado como BOVA11. Assim, um fundo ETF é sempre bastante diversificado, pois ele sempre se referencia em um índice de mercado diversificado. No caso dos ETFs negociados na BM&FBovespa, a própria bolsa prefere se referir a essa sigla com sendo de **E**ficiência, **T**ransparência e **F**lexibilidade.

ETFs: Eficiência + Transparência + Flexibilidade para o aplicador

Para quem deseja atrelar o desempenho de suas aplicações a algum índice do mercado, um ETF oferece boa **eficiência financeira** e por dois aspectos que impactam a rentabilidade líquida do aplicador:

1) IR menor: eventuais perdas com determinadas ações dentro do fundo são contrabalanceadas com os ganhos obtidos em outras ações, resultando, assim, no pagamento reduzido de IR (de 15% sobre os ganhos), já que o imposto incide somente sobre os ganhos *médios* acumulados no fundo. Na prática, as eventuais perdas servem como "deduções" do imposto a pagar por eventuais ganhos.

2) Taxas menores: caso o investidor queira montar uma carteira autônoma tentando simular a composição de um índice de referência, teria de fazer uma série de compras e vendas "picadas", o que implicaria elevadíssimos custos de transação, resultando em uma acentuada ineficiência financeira, já que esses custos levariam boa parte, o todo, ou até mesmo mais do que os ganhos brutos com a negociação das ações da carteira.

Observação: contudo, é importante ressaltar que, como todo fundo, um ETF cobra taxa de administração, mas, por ser muito pequena (próxima de 0,50%), isso pouco afeta a rentabilidade líquida do aplicador e não invalida as vantagens financeiras expostas anteriormente.

Quanto à **transparência** dos ETFs, ela é total, pois, se desejar, o investidor de fundos desse tipo poderá acompanhar sua carteira momento a momento, pelo próprio site da BM&FBovespa. Mas, como se trata de investimento de renda variável, convém lembrar que seu resultado de rentabilidade diferenciada deverá vir no longo prazo, raramente no curto ou no médio prazos.

Por fim, quanto à **flexibilidade** dos ETFs, dá para dizer que ela é grande em termos de permitir uma grande diversificação para o pequeno investidor. O ideal, para poder comprar cotas inteiras de ETFs, é ter a quantia reservada de alguns milhares de reais. Convém separar de R$ 2 mil a R$ 6 mil para aplicar em um ETF, comprando o lote padrão com 100 cotas do fundo. Se você não dispõe dessa quantia de imediato, basta acumular algum dinheiro todos os meses na poupança e, quando tiver o suficiente, "sair às compras" de seu(s) ETF(s).

iShares Ibovespa Fundo de Índice (BOVA11)

O ETF mais indicado para quem pensa em começar a investir nesse tipo de fundo é o **iShares Ibovespa Fundo de Índice**, que tem código de negociação Bovespa identificado como BOVA11 (disponível no mesmo lugar do site da corretora no qual você encontra as demais ações). Esse que é o mais popular dos ETFs baseia-se no Ibovespa, índice composto por ações emitidas pelas companhias que respondem por mais de 80% do número de negócios e do volume financeiro da bolsa. Lembro-me de que esse fundo tem taxa de administração de 0,54% ao ano (sobre o patrimônio), o que é bem razoável para um fundo passivo (que segue o Ibovespa) e não chega a comprometer suas vantagens financeiras para o investidor.

Em meados de 2011, a ação BOVA11 era negociada por algo próximo de R$ 60,00. Concordo que talvez não lhe pareça tão atraente ser dono de ações de um fundo que compra e vende empresas, quando poderia ser dono de uma pequena porção de algumas das maiores empresas brasileiras. Essa é uma consideração meramente psicológica e sem fundamento econômico, pois, no final das contas, o lastro é sempre um só, a atividade pujante empresarial das maiores e melhores empresas brasileiras de capital aberto. Pensando assim, a ação BOVA11 deve ser forte candidata a ocupar uma vaga em sua estratégia "cinco estrelas" para conquistar sucesso no mercado de ações.

Com sua lista "estrelada" na mão, agora é hora de ação!

Finalmente, sua lista de compra de ações está fechada: os papéis estão escolhidos, seus códigos de negociação estão anotados e você já tem inclusive uma boa ideia do preço que, nas condições atuais de mercado, pagará por cada ação que deseje incorporar a sua carteira. Agora, sim, você já está pronto para emitir suas ordens mensais de compra no Home Broker. Vou mostrar como fazê-lo de maneira prática e segura, em um passo a passo que será apresentado tela a tela no site da Ágora.

CAPÍTULO 9

NEGOCIANDO AÇÕES VIA HOME BROKER DA BM&FBOVESPA

Como funciona a ferramenta HB 2.0 para negociar ações pela Ágora

Até este momento você já abriu sua conta na Ágora e transferiu para ela os primeiros recursos financeiros a serem investidos. Talvez já tenha até realizado a compra de títulos por meio do Tesouro Direto. Agora chegou a hora de entender como comprar ações pelo sistema Home Broker da BM&FBovespa — mais especificamente, como utilizar o HB 2.0, a ferramenta de Home Broker da Ágora Corretora de Valores.

De maneira bem objetiva, o que é o Home Broker da BM&FBovespa?

Home Broker, como já mencionei anteriormente, vem da língua inglesa e pode ser livremente traduzido como "Corretor (de ações) na sua Casa". Trata-se do sistema de operações no mercado acionário desenvolvido pela BM&FBovespa em 1999 para dar ao pequeno investidor acesso direto ao pregão eletrônico da bolsa, por meio da internet, operando a partir de sua própria casa. Você não precisa ir a uma corretora de valores, nem precisa ligar lá (se não quiser), porque a corretora vai à tela do seu microcomputador.

O Home Broker é oferecido por todas as corretoras de valores que integram o Sistema BM&FBovespa e, além de permitir a compra e a venda de **ações na Bovespa** (empresa que administra o mercado à vista de ações), também permite outras operações financeiras mais avançadas, como as **opções e operações em mercados futuros** organizadas na BM&F (Bolsa de Mercadorias & Futuros).

HB 2.0, o Home Broker da Ágora: completo e muito fácil de operar

Para iniciar suas aplicações em ações via HB 2.0, o investidor deve entrar em sua conta no site da Ágora e, clicando na guia *Minha Conta*, observar as posições atualizadas em seu *Resumo de Investimentos*.

Desejo ilustrar o procedimento de compra e venda de ações no HB 2.0 tela a tela e para isso continuarei me servindo daquele caso do investidor de que tratamos no capítulo sobre aplicações no Tesouro Direto.

Em 27/07/2011, o *Resumo de Investimentos* desse aplicador mostrava o seguinte:

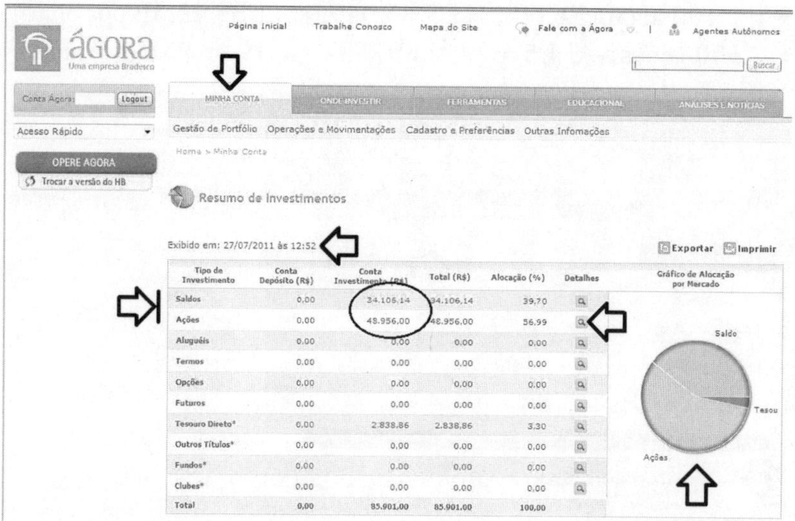

O saldo disponível em sua Conta Investimento nessa data era de R$ 34.106,14. Esse dinheiro estava lá porque o aplicador já havia feito uma TED de sua conta bancária (de pessoa física!) para sua Conta Depósito na Ágora e, constatando o recebimento do valor transferido (o que ocorre em menos de uma hora no caso de TED ou transferência direta), ele já havia passado esses recursos para sua Conta Investimento, de forma a poder começar a operar a compra de ações via Home Broker.

Esse é o primeiro passo para suas aplicações no mercado acionário: transferir o dinheiro para a Ágora e para sua Conta Investimento. Se ainda não tomou essas providências, faça-o agora.

Repare que o aplicador já possuía investimentos em ações no valor de R$ 48.956,00 (valorado a mercado). Clicando na pequena lupa ao final da linha *Ações*, veja que é apresentada sua atual *Carteira de Ações*:

Note que, por *default*, o que aparece é a *Posição Completa* da *Carteira de Ações*, mas você também pode fazer sua pesquisa por *Empresa*, se assim preferir.

Em 27/07/2011 o aplicador tinha os seguintes ativos:

- 1.100 ações PETR4 = R$ 25.949,00 (a R$ 23,59 por ação);
- 500 ações VALE5 = R$ 22.975,00 (a R$ 45,95 por ação).

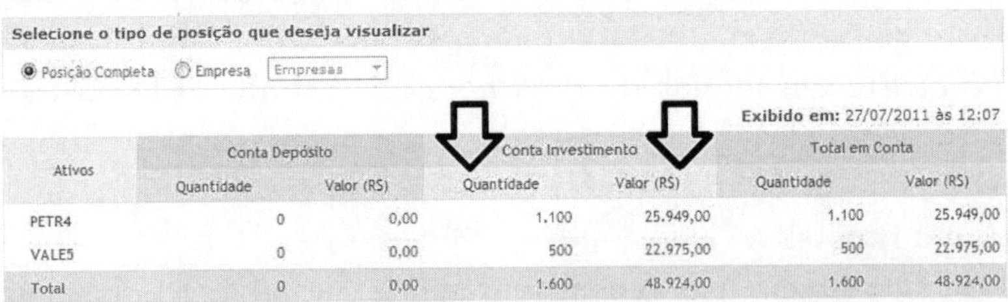
Selecione o tipo de posição que deseja visualizar

Posição Completa / Empresa

Exibido em: 27/07/2011 às 12:07

Ativos	Conta Depósito		Conta Investimento		Total em Conta	
	Quantidade	Valor (R$)	Quantidade	Valor (R$)	Quantidade	Valor (R$)
PETR4	0	0,00	1.100	25.949,00	1.100	25.949,00
VALE5	0	0,00	500	22.975,00	500	22.975,00
Total	0	0,00	1.600	48.924,00	1.600	48.924,00

Agora, ainda na tela Carteira de *Ações*, repare no canto superior esquerdo o botão *Opere Agora* e, logo abaixo dele, *Trocar a Versão do HB*:

Antes de pressionar *Opere Agora* e assim abrir a tela de compra e venda de ações, tome o cuidado de trocar a versão básica da ferramenta Home Broker para uma mais "incrementada" disponível no site da Ágora.

O HB 2.0 possui maior capacidade de personalização de layouts, aplicativos exclusivos, diversas agências de notícias e novas funções

para boletas e quadros de cotações. Você poderá negociar com agilidade nos mercados Bovespa e BM&F, acompanhando até 15 cotações em tempo real e abrindo até cinco boletas de negociação simultaneamente. Tudo isso sem nenhum custo adicional para uso dessa ferramenta.

Considerando essas vantagens, clique no botão *Trocar a Versão do HB*.

O aplicador será levado à tela *Escolha a Versão de seu Home Broker*. Clique no botão *Home Broker 2.0*, digite sua assinatura eletrônica e clique no botão *Confirmar*:

Um esclarecimento: o investidor não conseguirá trocar a versão do HB antes que faça a transferência para sua Conta Investimento do valor mínimo inicial solicitado pela Ágora para transações com ações (que em meados de 2011 era de R$ 5 mil.)

Caso tudo transcorra normalmente, veja a seguir a mensagem de confirmação de seu pedido de troca (na base da tela): "Solicitação efetuada com sucesso!". Pronto! Você acaba de fazer o *upgrade* de seu HB para a versão mais avançada disponível, a HB 2.0.

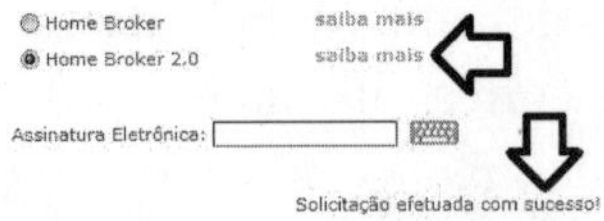

Antes de sair dessa tela, recomendo que você clique no link *Saiba mais*. Será carregada uma nova tela que lhe permite assistir ao tutorial do HB 2.0, uma excelente demonstração preparada pela equipe da Ágora em vídeo, tela a tela, mostrando em detalhes como funciona a avançada ferramenta. Apesar da pressa e da natural ansiedade em começar, recomendo que todo cliente Ágora assista a essa apresentação antes de iniciar suas aplicações em ações.

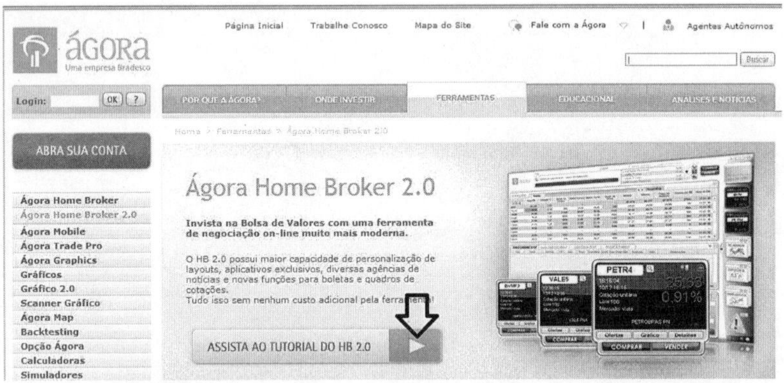

Ao clicar no botão Assista ao Tutorial do HB 2.0, uma nova janela será aberta na tela de seu computador. Observe que você poderá pausar a apresentação do vídeo a qualquer momento, bem como assistir novamente os segmentos que mais lhe interessem (faça sua escolha no menu do tutorial à esquerda da tela).

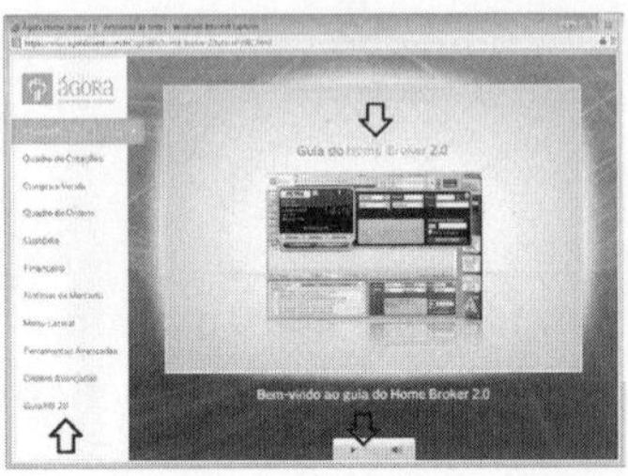

Quando terminar de assistir o tutorial do HB 2.0, feche a janela do vídeo, volte à janela do site da corretora e, se necessário, insira novamente seu login e senha para reentrar no sistema.

Então, para começar imediatamente a operar a compra de ações, localize o botão *Opere Agora* no canto superior esquerdo e clique nele. Não se esqueça de ter em mãos a lista de ações "estreladas", com os respectivos códigos de negociação Bovespa, conforme vimos no capítulo anterior.

Em uma nova janela se abrirá a tela do HB 2.0. Repare que ela é bastante rica, repleta de dados pertinentes ao investidor do mercado acionário. Em princípio, o aplicador pode até se confundir com tanta informação. No entanto, em seguida veremos cada um dos campos que mais lhe interessam, e como fazer bom uso deles.

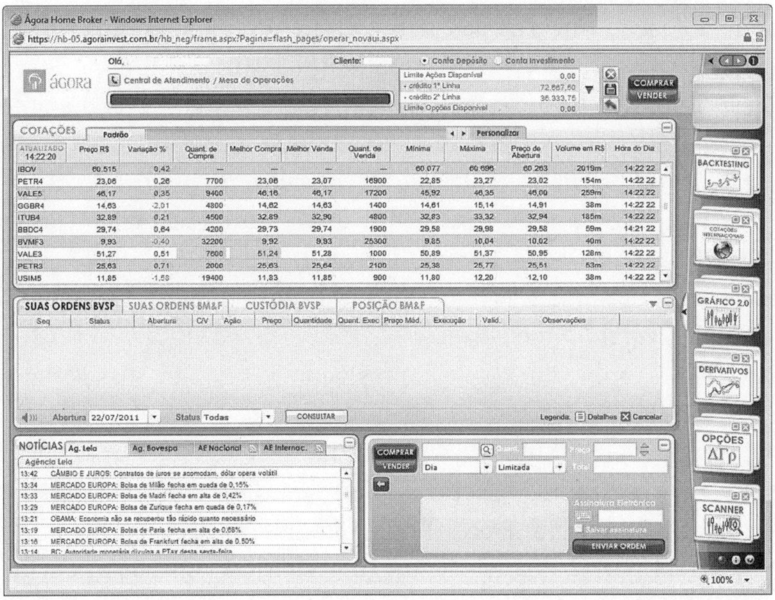

Primeiramente, repare no topo da página que lá está o nome do investidor e seu número de cliente (aqui omitidos por sigilo). Mais à direita, há um campo que mostra os saldos da Conta Depósito (selecionado por *default*) e da Conta Investimento (basta clicar para ver os dados dessa conta). À direita desse campo, os botões de *Comprar* (em azul) e *Vender* (em vermelho), que você acionará em instantes.

Logo abaixo do cabeçalho da tela do HB 2.0 começa a área de trabalho. Repare no campo de *Cotações*. Quando abrir seu HB 2.0 pela primeira vez, será mostrada a tela *Padrão*, previamente montada pela Ágora com 15 ações entre as mais negociadas na Bovespa.

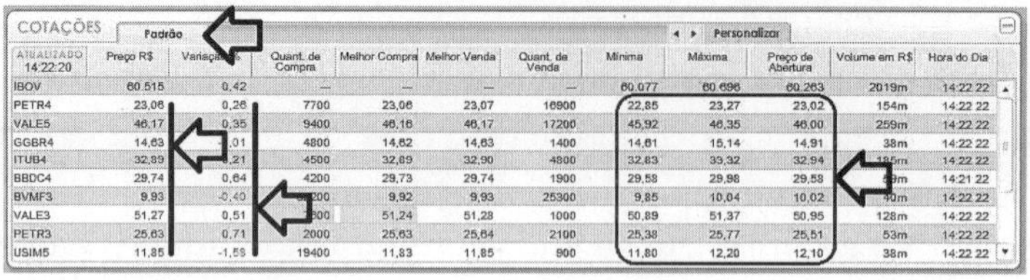

ATUALIZADO 14:22:20	Preço R$	Variação	Quant. de Compra	Melhor Compra	Melhor Venda	Quant. de Venda	Mínima	Máxima	Preço de Abertura	Volume em R$	Hora do Dia
IBOV	60.515	0,42	—	—	—	—	60.077	60.696	60.263	2019m	14:22 22
PETR4	23,06	0,26	7700	23,06	23,07	16900	22,85	23,27	23,02	154m	14:22 22
VALE5	46,17	0,35	9400	46,16	46,17	17200	45,92	46,35	46,00	259m	14:22 22
GGBR4	14,63	[illegible]	4800	14,62	14,63	1400	14,61	15,14	14,91	38m	14:22 22
ITUB4	32,89	[illegible]	4500	32,89	32,90	4800	32,83	33,32	32,94	[illegible]	14:22 22
BBDC4	29,74	0,64	4200	29,73	29,74	1900	29,58	29,98	29,58	[illegible]	14:21 22
BVMF3	9,93	-0,40	[illegible]	9,92	9,93	25300	9,85	10,04	10,02	[illegible]	14:22 22
VALE3	51,27	0,51	[illegible]	51,24	51,28	1000	50,89	51,37	50,95	128m	14:22 22
PETR3	25,63	0,71	2000	25,63	25,64	2100	25,38	25,77	25,51	53m	14:22 22
USIM5	11,85	-1,59	19400	11,83	11,85	900	11,80	12,20	12,10	38m	14:22 22

Veja acima que na 1ª coluna (à esquerda) são apresentados os códigos de negociação Bovespa das ações, enquanto na 2ª coluna (*Preço R$*) é mostrada sua cotação. Na terceira coluna (*Variação*), é monitorada a oscilação no preço da ação com relação ao fechamento do dia anterior. Atente também para as colunas 8, 9 e 10, que mostram as cotações *Mínima* e *Máxima* do dia, e seu *Preço de Abertura* no pregão do dia.

Pode não interessar ao investidor nesse momento ter informações on-line sobre tantas ações assim. Talvez lhe seja mais útil se a área de *Cotações* trouxer apenas as ações que ele tem em mente comprar, conforme sua escolha "cinco estrelas".

No caso do aplicador que estamos acompanhando, elas seriam:

- VALE5 (Vale – Setor de Mineração);
- PETR4 (Petrobras – Setor de Petróleo, Gás & Biocombustível);
- ITUB4 (Itau Unibanco – Setor Financeiro/Banco);
- PDGR3 (PDG Realty – Setor Imobiliário/Construção Civil);
- BRFS3 (Brasil Foods – Consumo Não Cíclico/Alimentação).

Para fazer esse ajuste no campo de *Cotações*, clique na aba *Personalizar* que fica acima e à direita, e se abrirá a respectiva tela para adaptar a ferramenta a suas necessidades de hoje:

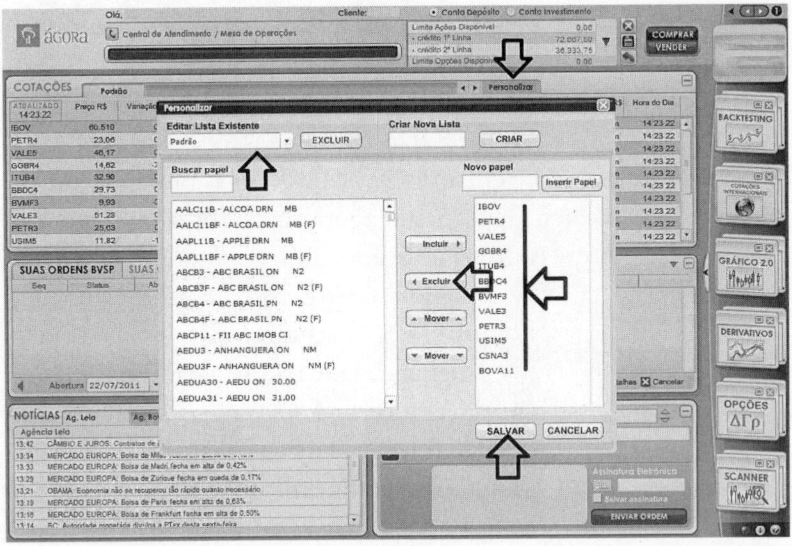

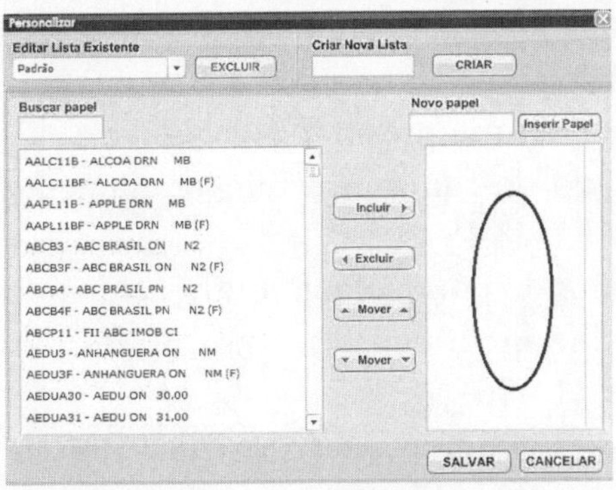

Clique em cada um dos códigos de negociação no campo de fundo branco da direita e pressione o botão *Excluir*. Faça isso código a código, até zerar esse campo, que ficará com a seguinte aparência (a elipse na cor negra não aparecerá, servindo apenas para mostrar o campo vazio):

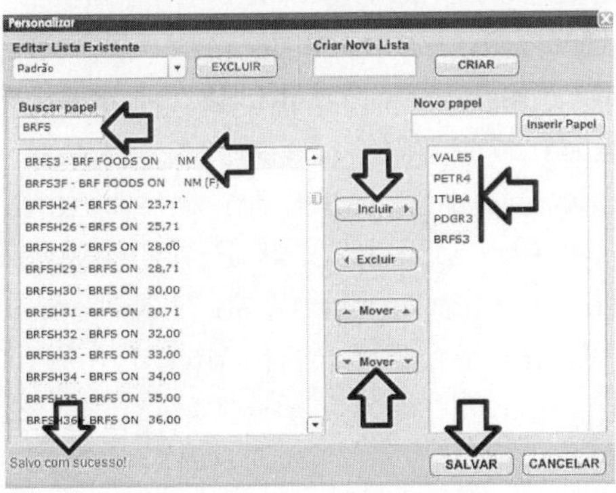

Em seguida, na caixa *Buscar Papel* (canto superior direito da janela *Personalizar*), digite o código de negociação Bovespa da primeira ação que deseja incluir em sua lista de amostragem, a VALE5. Imediatamente VALE5 aparecerá na lista que surge no campo retangular logo abaixo.

Clique então sobre essa ação, pressione o botão *Incluir* e você a verá aparecer na caixa à direita. Faça isso para as cinco ações desejadas, de VALE 5 a BRFS3, e pressione o botão *Salvar*. No canto inferior esquerdo aparecerá a mensagem "Salvo com sucesso!".

Feche a caixa *Personalizar* clicando sobre o X no canto superior direito e volte à área *Cotações*. Repare que agora são apresentadas apenas as ações que de fato interessam ao aplicador nesse momento.

Compra de PETR4 nesse mesmo dia/horário). Veja a seguir:

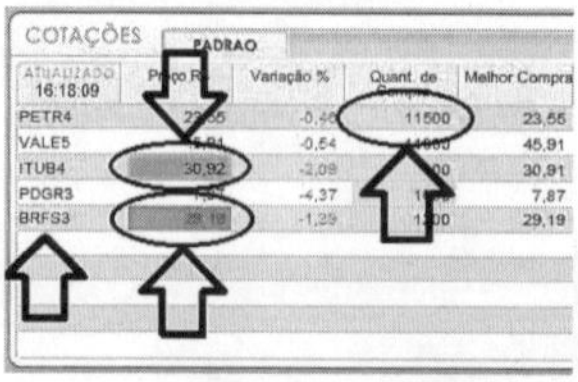

A figura ao lado não está em cores, mas no site da Ágora estará. Lá você poderá notar que, quando uma ação é negociada por valor *acima do anterior*, o retângulo que faz fundo para sua cotação pisca em *verde* (como ITUB4, com valor R$ 30,92 às 16h18 no dia 27/07/2011).

Trata-se de uma simples sinalização visual para facilitar seu acompanhamento do mercado acionário segundo a segundo.

Quando a ação é comercializada em um próximo negócio por valor *inferior à última cotação*, o retângulo do fundo fica temporariamente *vermelho* (como BRFS3, com valor R$ 28,19).

Sempre que um número é atualizado em qualquer outra coluna do campo *Cotações*, o retângulo que lhe faz fundo pisca na cor *amarela* (como PETR4, com *Quantidade de* 11.500).

Para então começar a operar suas compras, volte ao cabeçalho da tela de negociação do HB 2.0 e clique no botão *Conta Investimento*.

Você verá que o saldo do aplicador para a compra de ações era de R$ 34.106,14 na data de 27/07/2011:

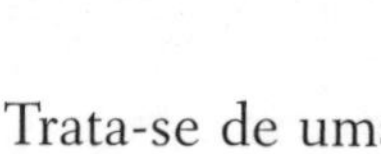

O investidor já tinha em sua carteira duas "estrelas": VALE5 e PETR4. Agora ele deseja as outras três que farão sua "constelação" ficar completa: ITUB4, PDGR3 e BRFS3. Assim, ele pensa em distribuir em parcelas iguais o valor total de que dispõe: R$ 34.106,14/3 ações = R$ 11.368,71 para cada ação.

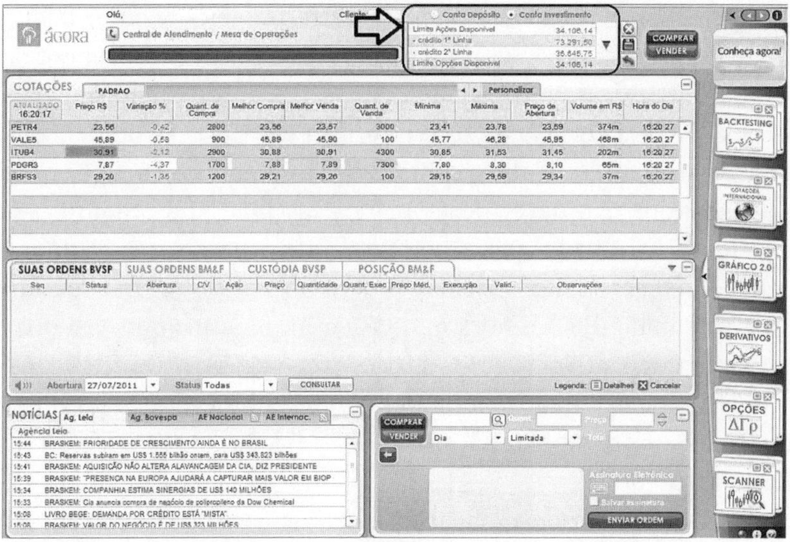

A primeira a ser comprada é ITUB4: no canto superior direito o aplicador seleciona a boleta *Comprar* (azul), insere as informações desejadas, coloca sua assinatura eletrônica e pressiona o botão OK para realizar a compra dessa ação. Rápido, não?! Calma, vamos analisar em detalhes a boleta *Comprar* (azul) no canto inferior direito.

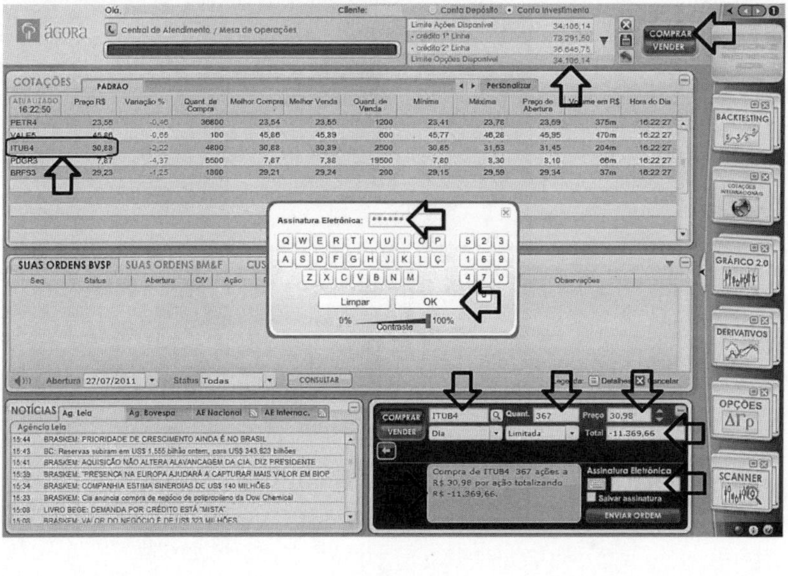

Para preencher a boleta *Comprar*, insira primeiramente o código de negociação Bovespa da ação: ITUB4. Na caixa *Quant.*, experimente colocar a quantidade de ações resultante quando se divide o valor almejado de R$ 11.368,71 pela cotação da ação mostrada em *Cotações* no momento da compra, ou seja, R$ 30,98. Essa conta indica a compra de 367 ações ITUB4.

O investidor não deve mexer nas caixas *Dia* (sua ordem é apenas para o dia 27/07/2011) nem *Limitada* (ordem para ser executada exatamente como está sendo pedida), e verá no *Total* o valor resultante da compra solicitada: R$ 11.369,66, quase exatamente o que está disposto a alocar para esse ativo.

Repare na caixa maior da boleta *Comprar* a descrição da operação montada: "Compra de ITUB4 367 ações a R$ 30,98 por ação totalizando R$ -11.369,66".

Então o aplicador deve clicar na caixa *Assinatura Eletrônica*, digitá-la no tecladinho virtual que aparecerá, pressionar o botão OK e, voltando à boteta *Comprar*, pressionar o botão *Enviar Ordem*:

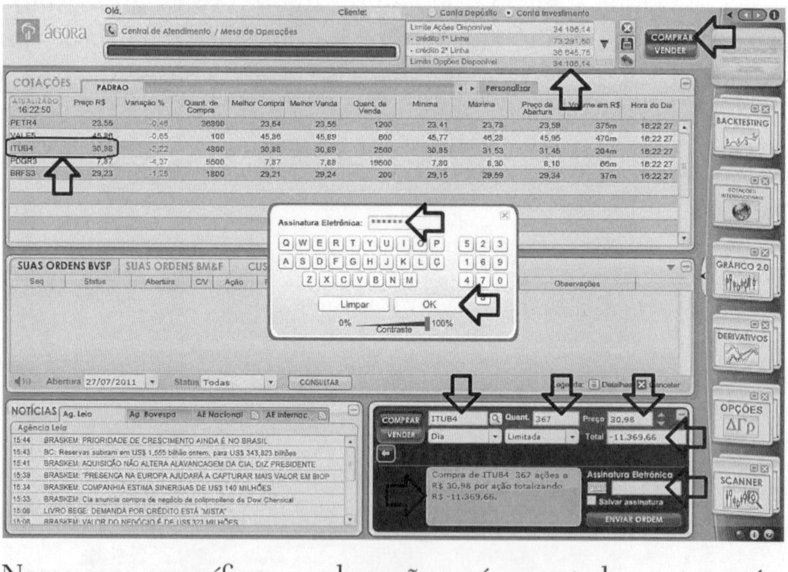

Nesse caso específico, a ordem não será executada e retornará a seguinte mensagem na boleta *Comprar*: "Quantidade inválida, não múltipla de lote padrão (100)". Pois é, há aqui uma restrição: o aplicador só pode-

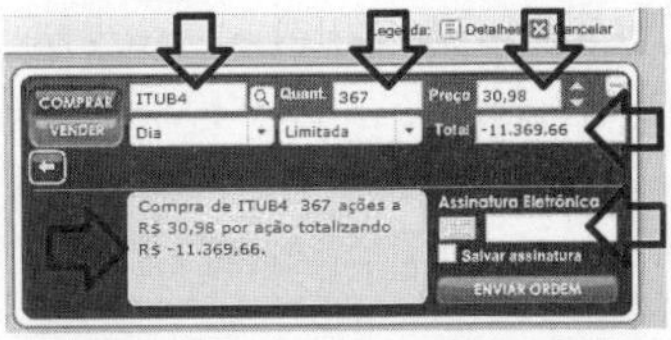

rá negociar ações em lotes-padrão de 100 unidades.

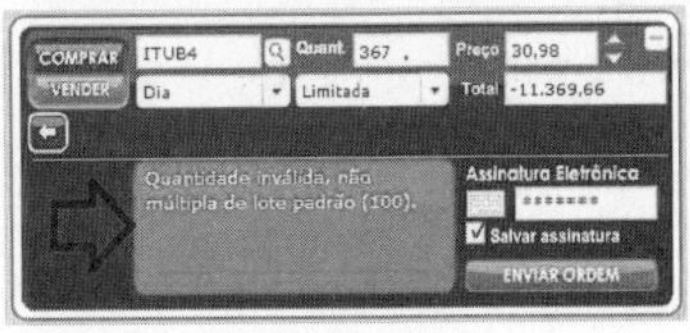

Por isso, na prática, para comprar ações no HB 2.0 será necessário alguns milhares de reais, já que o valor unitário da maior parte das ações oscila em torno de algumas dezenas de reais (veja *Cotações*), fazendo com que o lote mínimo de 100 unidades não saia por menos de alguns (poucos) milhares de reais. (Você já sabe que isso não é exatamente um problema: é só juntar o dinheiro na poupança ou mesmo no Tesouro Direto enquanto o valor a ser aplicado não atinge o mínimo necessário para comprar ações.)

Tudo bem, vamos então refazer a boleta *Comprar* ITUB4, agora ajustando a quantidade para um pouco mais, 400 ações. Sugeri ao investidor arredondar para cima porque o número desejado anteriormente já era superior a 350, e ainda se tratava da primeira compra, ou seja, não haveria problema de insuficiência de saldo na Conta Investimento.

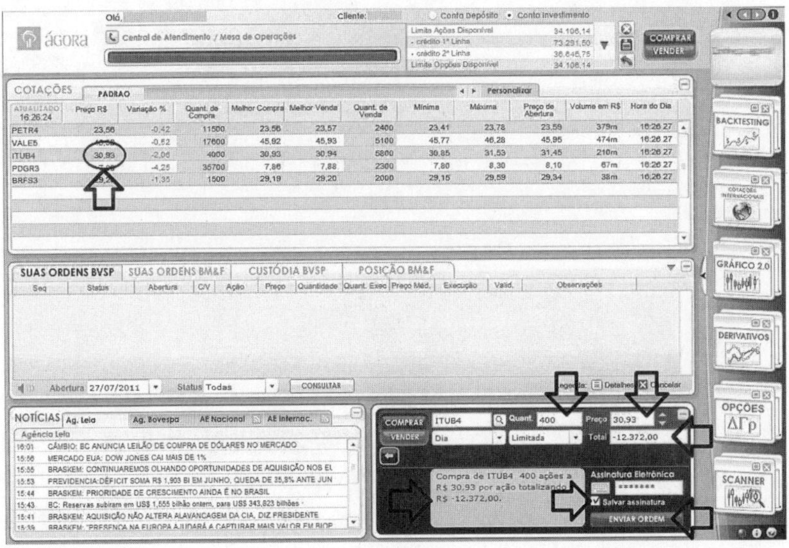

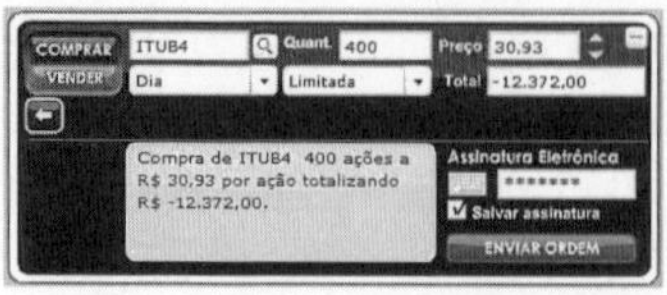

Veja como fica a nova boleta *Comprar* ITUB4. Repare no campo de *Cotações* acima que, nesse meio-tempo, o valor da ação desceu um pouco para 30,93, e então o novo valor foi inserido na boleta:

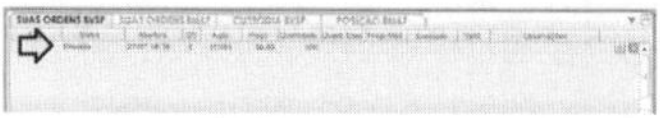

Ao clicar no botão *Enviar Ordem* da boleta, repare que a anotação dessa ordem de compra entra imediatamente no campo *Suas Ordens BVSP* (campo logo abaixo do campo de *Cotações*):

Veja abaixo os detalhes da ordem enviada:

Status: Enviada
Abertura: 27/07 16h26
C/V (Compra/Venda): C
Ação: ITUB4
Preço: R$ 30,93
Quantidade: 400

No mesmo minuto, repare na tela do HB 2.0 que a ordem já foi executada e ganhou inclusive um número de sequência (*Seq.*), 28216770.

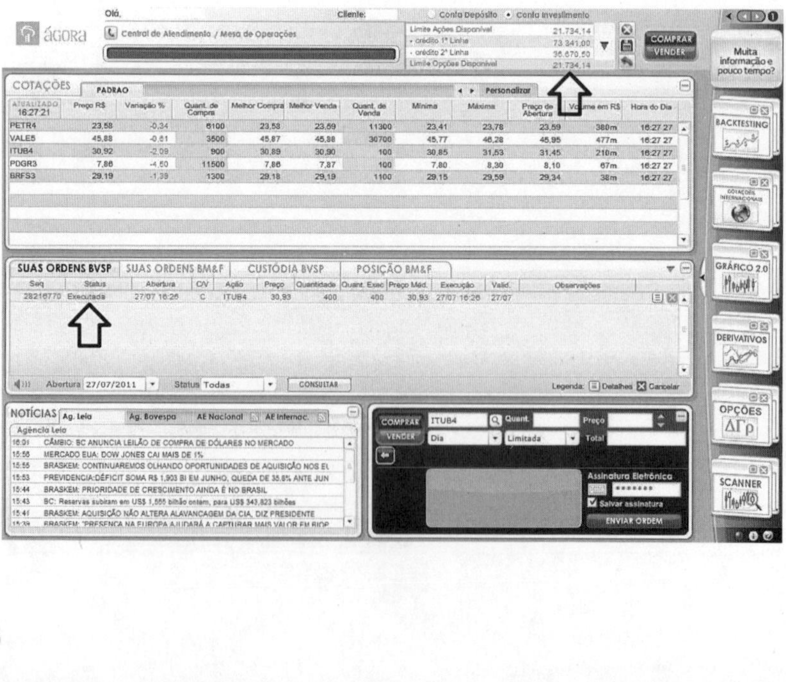

A execução aconteceu quase instantaneamente porque a ITUB4 é uma ação extremamente líquida, negociada muitas vezes em um único minuto de funcionamento da Bovespa.

Veja abaixo a execução dessa ordem de compra de ITUB4:

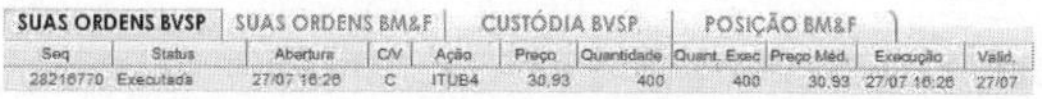

Seq	Status	Abertura	C/V	Ação	Preço	Quantidade	Quant. Exec	Preço Méd.	Execução	Valid.
28216770	Executada	27/07 16:26	C	ITUB4	30,93	400	400	30,93	27/07 16:26	27/07

Agora, repare no canto superior da tela do HB 2.0 que o *Limite Ações Disponível* na Conta Investimento baixou para R$ 21.734,14, passando a corresponder exatamente à dedução dos R$ 12.372,00 da compra que acaba de ser efetuada, frente ao saldo de abertura de R$ 34.106,14.

Em seguida, o investidor deve prosseguir com a compra de PDGR3. Para determinar a quantidade correta de papéis a colocar em sua carteira de ações, o investidor divide mentalmente por dois o valor de R$ 21.734,14 que tem em seu saldo e chega a R$ 10.867,07 (metade para PDGR3 e outros 50% para BRFS3, aproximadamente).

Veja a tela de negociação com a nova boleta *Comprar* PDGR3:

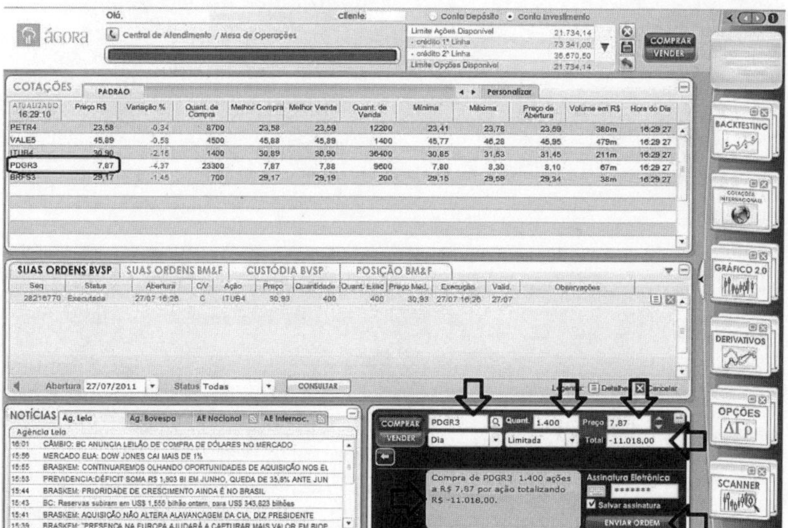

Mais uma vez, arredondando um pouco para cima, o valor a ser aplicado dá 1.400 ações PDGR3, ao total de R$ 11.018,00:

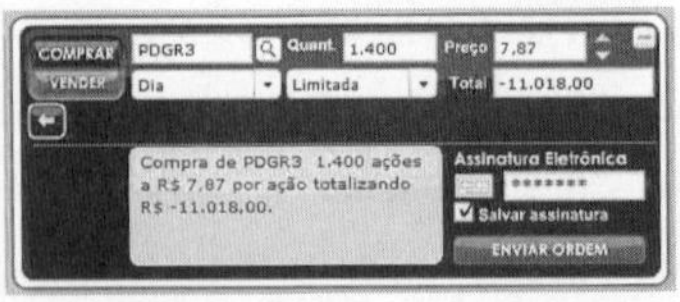

Ao pressionar o botão *Enviar Ordem* da boleta, veja que ela já aparece registrada no campo *Suas Ordens BVSP*:

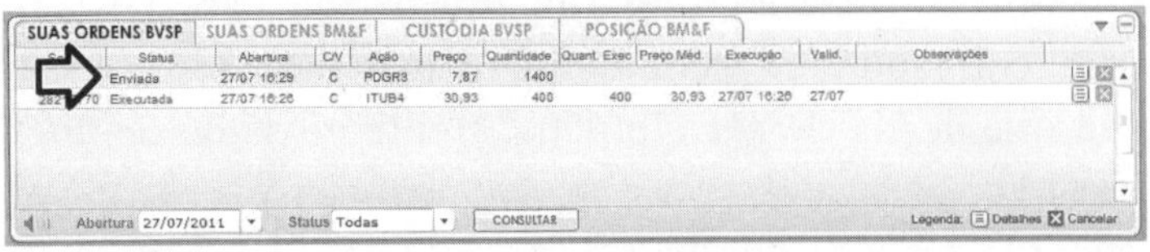

Veja os detalhes da ordem de compra enviada de PDGR3:

Status: Enviada
Abertura: 27/07 16h29
C/V (Compra/Venda): C
Ação: PDGR3
Preço: R$ 7,87
Quantidade: 1.400

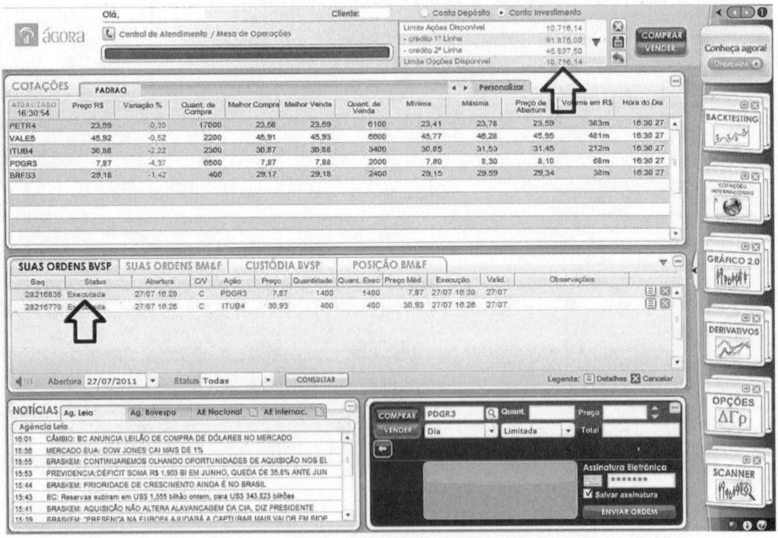

Nesse caso, veja que um minuto depois (às 16h30), a ordem foi executada. Afinal, PDGR3 é também um ativo de grande liquidez na Bovespa:

SUAS ORDENS BVSP | SUAS ORDENS BM&F | CUSTÓDIA BVSP | POSIÇÃO BM&F

Seq	Status	Abertura	C/V	Ação	Preço	Quantidade	Quant. Exec	Preço Méd.	Execução	Valid.
28216836	Executada	27/07 16:29	C	PDGR3	7,87	1400	1400	7,87	27/07 16:30	27/07

Repare que o saldo da Conta Investimento caiu para R$ 10.716,14. Isso é o que está disponível agora para o investidor comprar sua última ação do dia, a BRFS3:

Limite Ações Disponível	10.716,14
- crédito 1ª Linha	91.875,00
- crédito 2ª Linha	45.937,50
Limite Opções Disponível	10.716,14

O aplicador até gostaria de comprar 400 ações BRFS3, mas como são mais caras (R$ 29,15 cada), sua Conta Investimento ficaria negativa com essa compra. Na realidade, o HB 2.0 nem mesmo autorizaria a operação.

Então, arredondando para baixo, o aplicador aciona a boleta *Comprar* BRFS3 na quantidade de 300 ações:

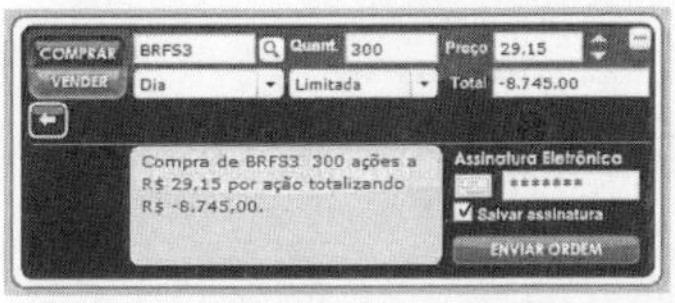

A ordem é então enviada para o campo *Suas Ordens BVSP* sendo automaticamente executada:

SUAS ORDENS BVSP | SUAS ORDENS BM&F | CUSTÓDIA BVSP

Seq	Status	Abertura	C/V	Ação	Preço	Quantidade
	Enviada	27/07 16:33	C	BRFS3	29,15	300

Repare no saldo já atualizado da Conta Investimento: ainda sobram R$ 1.971,14. Tudo bem, um pouco de dinheiro é bom deixar aí (cerca de R$ 100,00) para fazer face às taxas devidas. Mas com esse saldo ainda dá para comprar "alguma coisinha" em ações:

Limite Ações Disponível	1.971,14
- crédito 1ª Linha	108.469,50
- crédito 2ª Linha	54.234,75
Limite Opções Disponível	1.971,14

Então o aplicador se lembra de que uma de suas "estrelas", a PDGR3, é uma ação de valor unitário mais acessível. Imediatamente ele emite uma nova boleta *Comprar* PDGR3 com a quantidade de 200 ações, totalizando R$ 1.574,00:

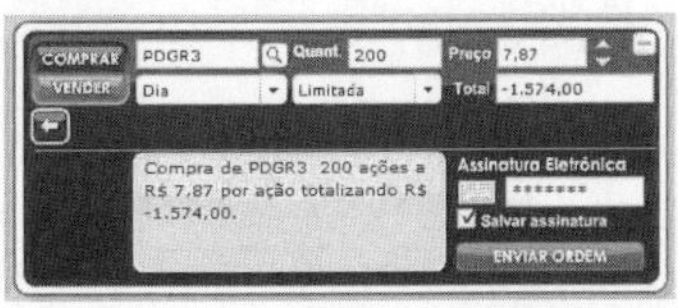

Prontamente essa ordem também é executada. Veja no quadro *Suas Ordens* BVSP, que agora carrega todas as quatro ordens de compra executadas nesse dia:

SUAS ORDENS BVSP | SUAS ORDENS BM&F | CUSTÓDIA BVSP | POSIÇÃO BM&F

Seq	Status	Abertura	C/V	Ação	Preço	Quantidade	Quant. Exec	Preço Méd.	Execução	Valid.	Observações
28217015	Executada	27/07 16:37	C	PDGR3	7,87	200	200	7,87	27/07 16:39	27/07	
28216925	Executada	27/07 16:33	C	BRFS3	29,15	300	300	29,15	27/07 16:33	27/07	
28216836	Executada	27/07 16:29	C	PDGR3	7,87	1400	1400	7,87	27/07 16:30	27/07	
28216770	Executada	27/07 16:26	C	ITUB4	30,93	400	400	30,93	27/07 16:26	27/07	

Abertura 27/07/2011 Status Todas CONSULTAR Legenda: Detalhes Cancelar

O saldo final de sua Conta Investimento ainda ficou um pouco acima do ideal (R$ 397,14), mas não haveria o que fazer nesse caso, já que com os R$ 300,00 que ainda estariam liberados não seria possível comprar o lote padrão de qualquer ação de grande liquidez. Sem problemas: esse dinheiro é *seu*, não desaparecerá de sua Conta Investimento, ficando disponível para reforçar sua próxima compra de ações.

Limite Ações Disponível	397,14
- crédito 1ª Linha	121.585,50
- crédito 2ª Linha	60.792,75
Limite Opções Disponível	397,14

Agora, ainda no campo em que visualizou suas ordens, clique em *Custódia BVSP*: note que aparecem, além das 1.100 ações PETR4 e 500 VALE5 que o investidor já possuía em sua carteira, as novas quantidades compradas de 300 BRFS3, 400 ITUB4 E 1.600 PDGR3. Para as duas primeiras, esse número aparece na coluna *Quant. Livre*, enquanto para as últimas três, nas colunas *Lanç. Previsto* e *Compra Exec.*, pois o aplicador mal acaba de efetuar suas compras:

SUAS ORDENS BVSP | SUAS ORDENS BM&F | **CUSTÓDIA BVSP** | POSIÇÃO BM&F

Ação	Saldo Inicial	Quant. Livre	Lanç. Previsto	Compra Exec.	Venda Exec.	Saldo Atual
BRFS3	0	0	300	300	0	300
ITUB4	0	0	400	400	0	400
PDGR3	0	0	1600	1600	0	1600
PETR4	1100	1100	0	0	0	1100
VALE5	500	500	0	0	0	500

Nesse momento, o investidor deve fechar a área de trabalho do HB 2.0 (poderá voltar a ela a qualquer momento, bastando pressionar o botão *Opere Agora* que fica estacionado no canto superior esquerdo do site da Ágora). De volta ao portal Ágora, clique na guia *Minha Conta* para apresentar seu *Resumo de Investimentos* atualizado na data (27/07/2011 às 16h45):

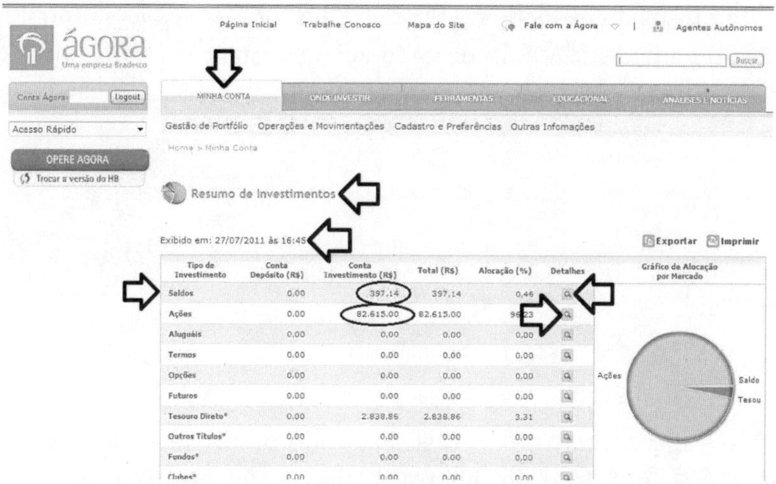

Repare que o saldo da Conta Investimento já traz o valor atualizado de R$ 397,14 e também o saldo de *Ações* já mostra a nova posição de R$ 82.615,00.

Clicando sobre as pequenas lupas que ficam ao final da linha, é possível acessar o detalhamento das informações. Clique sobre a 2ª lupa de cima para baixo, correspondente à linha de *Ações*, e será carregada na tela sua *Carteira de Ações*:

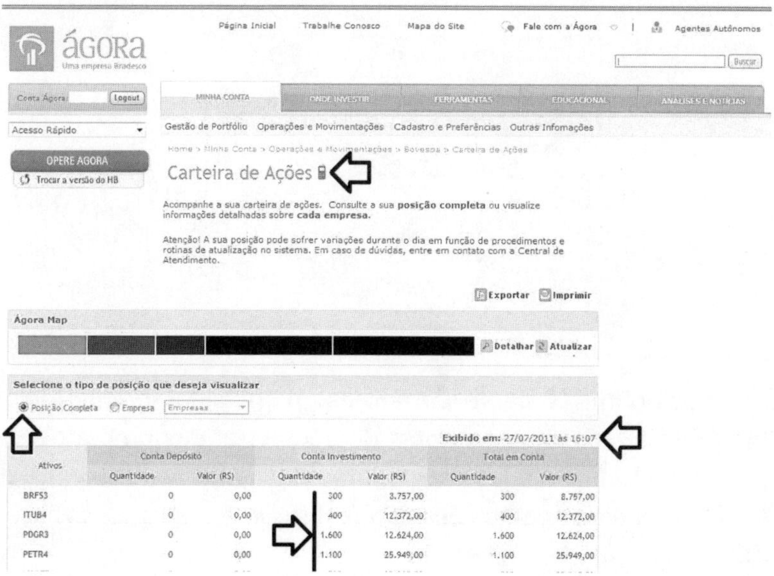

Note que as quantidades estão perfeitas e repare especialmente nos valores que o investidor tem de cada ação em sua carteira, valoradas ao mercado do momento, ou seja, em 27/07/2011 às 16h07:

Exibido em: 27/07/2011 às 16:07

Ativos	Conta Depósito		Conta Investimento		Total em Conta	
	Quantidade	Valor (R$)	Quantidade	Valor (R$)	Quantidade	Valor (R$)
BRFS3	0	0,00	300	3.757,00	300	8.757,00
ITUB4	0	0,00	400	12.372,00	400	12.372,00
PDGR3	0	0,00	1.600	12.624,00	1.600	12.624,00
PETR4	0	0,00	1.100	25.949,00	1.100	25.949,00
VALE5	0	0,00	500	22.965,00	500	22.965,00
Total	0	0,00	3.900	82.667,00	3.900	82.667,00

Tudo estando certo, o investidor, feliz proprietário de "cinco estrelas" da Bovespa, vai dormir tranquilo e satisfeito. No dia seguinte (28/07/2011), o aplicador acessa novamente sua conta na Ágora e, posicionando o cursor sobre a guia *Operações e Movimentações*, procura o item *Notas de Corretagem* (dentro da lista intitulada *Bovespa*):

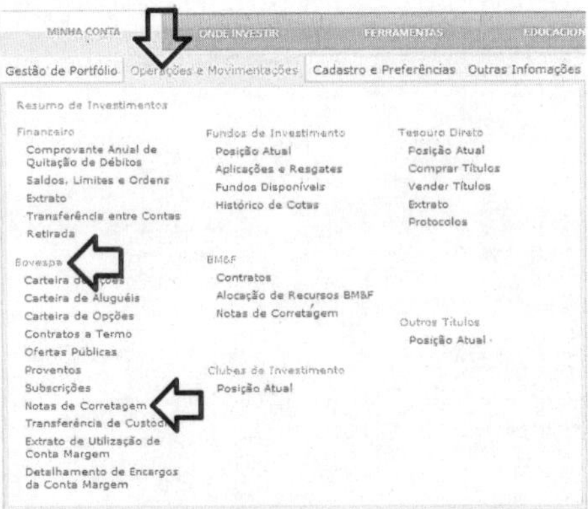

Clicando no link *Notas de Corretagem*, o aplicador é remetido à tela que lhe permite consultar as notas de operações de compra ou venda de ações já realizadas. Selecione o botão da *Conta Investimento*, deixe a caixa *Tipo* marcada como *Mercado à Vista* e, na caixa *Data*, procure 27/07/2011 na lista de opções.

Pressione o botão OK para visualizar a respectiva nota de corretagem, mas note na base da tela o aviso de que você deverá ter o programa Adobe Reader instalado em seu computador (se ainda não tiver, use este link para fazer a instalação, que é muito rápida e simples).

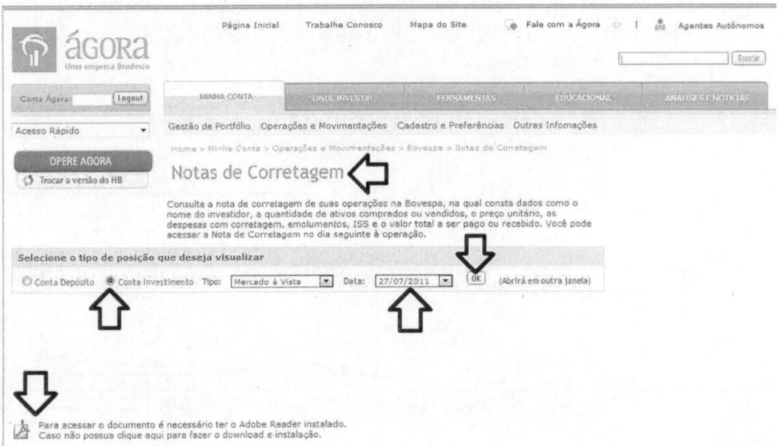

A nota de corretagem se abrirá em um arquivo no formato PDF, em uma nova tela do Adobe Reader.

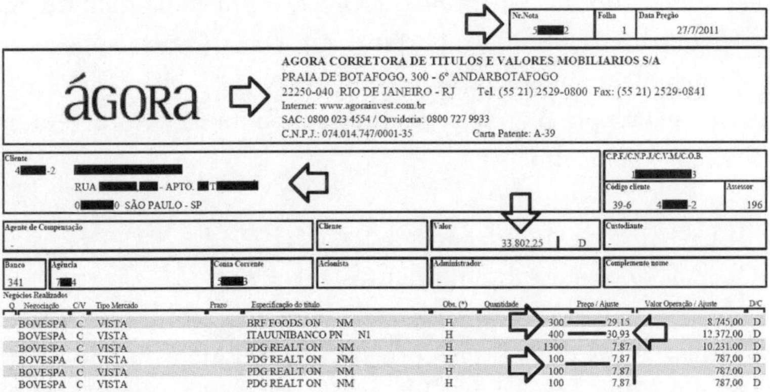

Nr.Nota	Folha	Data Pregão
5■■■2	1	27/7/2011

AGORA CORRETORA DE TITULOS E VALORES MOBILIARIOS S/A
PRAIA DE BOTAFOGO, 300 - 6º ANDARBOTAFOGO
22250-040 RIO DE JANEIRO - RJ Tel. (55 21) 2529-0800 Fax: (55 21) 2529-0841
Internet: www.agorainvest.com.br
SAC: 0800 023 4554 / Ouvidoria: 0800 727 9933
C.N.P.J.: 074.014.747/0001-35 Carta Patente: A-39

Cliente: 4■■■-2 ■■■ RUA ■■■ - APTO. ■T■■■ 0■■■0 SÃO PAULO - SP
C.P.F./C.N.P.J./C.V.M./C.O.B.: 1■■■3
Código cliente: 39-6 4■■■-2 | Assessor: 196

Agente de Compensação: - | Cliente: - | Valor: 33.802,25 D | Custodiante: -
Banco: 341 | Agência: 7■4 | Conta Corrente: 5■■■3 | Acionista: - | Administrador: - | Complemento nome: -

Negócios Realizados

Q	Negociação	C/V	Tipo Mercado	Prazo	Especificação do título	Obs. (*)	Quantidade	Preço / Ajuste	Valor Operação / Ajuste	D/C
	BOVESPA	C	VISTA		BRF FOODS ON NM	H	300	29,15	8.745,00	D
	BOVESPA	C	VISTA		ITAUUNIBANCO PN N1	H	400	30,93	12.372,00	D
	BOVESPA	C	VISTA		PDG REALT ON NM	H	1300	7,87	10.231,00	D
	BOVESPA	C	VISTA		PDG REALT ON NM	H	100	7,87	787,00	D
	BOVESPA	C	VISTA		PDG REALT ON NM	H	100	7,87	787,00	D
	BOVESPA	C	VISTA		PDG REALT ON NM	H	100	7,87	787,00	D

Na parte *superior*, essa nota de corretagem traz todos os dados pessoais do investidor, o valor total das três operações de compra realizadas no dia anterior (R$ 33.802,25) e a devida discriminação dessas operações.

Note que, enquanto as ações BRFS3 e ITUB4 foram arrematadas em lotes únicos (de 300 e 400 unidades, respectivamente), as 1.600 ações PDGR3 foram compradas em um lote de 1.300 e mais três lotes de 100. Isso é mera formalidade, não faz a menor diferença para o aplicador.

Agora repare na parte *inferior* da nota de corretagem:

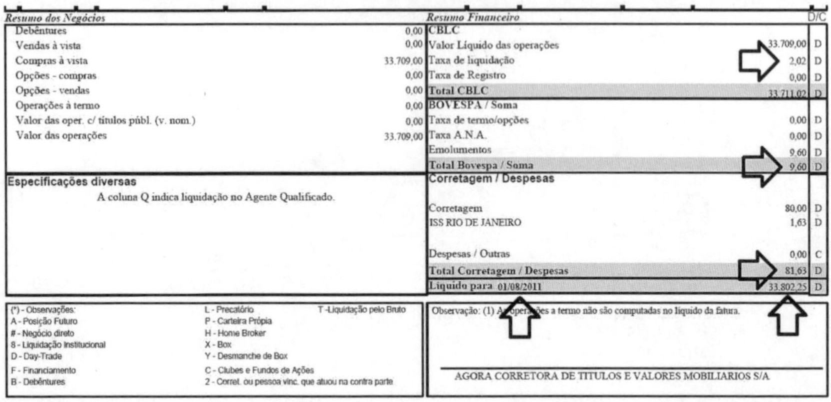

Resumo dos Negócios	
Debêntures	0,00
Vendas à vista	0,00
Compras à vista	33.709,00
Opções - compras	0,00
Opções - vendas	0,00
Operações à termo	0,00
Valor das oper. c/ títulos públ. (v. nom.)	0,00
Valor das operações	33.709,00

Especificações diversas

A coluna Q indica liquidação no Agente Qualificado.

Resumo Financeiro		D/C
CBLC		
Valor Líquido das operações	33.709,00	D
Taxa de liquidação	2,02	D
Taxa de Registro	0,00	D
Total CBLC	33.711,02	D
BOVESPA / Soma		
Taxa de termo/opções	0,00	D
Taxa A.N.A.	0,00	D
Emolumentos	9,60	D
Total Bovespa / Soma	9,60	D
Corretagem / Despesas		
Corretagem	80,00	D
ISS RIO DE JANEIRO	1,63	D
Despesas / Outras	0,00	C
Total Corretagem / Despesas	81,63	D
Líquido para 01/08/2011	33.802,25	D

(*) - Observações:	L - Precatório	T -Liquidação pelo Bruto
A - Posição Futuro	P - Carteira Própia	
# - Negócio direto	H - Home Broker	
8 - Liquidação Institucional	X - Box	
D - Day-Trade	Y - Desmanche de Box	
F - Financiamento	C - Clubes e Fundos de Ações	
B - Debêntures	2 - Correl. ou pessoa vinc. que atuou na contra parte	

Observação: (1) As operações a termo não são computadas no líquido da fatura.

AGORA CORRETORA DE TITULOS E VALORES MOBILIARIOS S/A

Veja que o valor de R$ 33.802,25 da compra tinha data de liquidação prevista para 01/08/2011, portanto em D3 (três dias após a ordem), como é praxe para a negociação com ações.

Atente agora para o quadro da direita da nota de corretagem, intitulado *Resumo Financeiro*:

CBLC – Taxa de liquidação = R$ 2,02;
BOVESPA / Soma – Emolumentos = R$ 9,60

Somadas, essas duas taxas correspondem àqueles 0,0345% que eu havia mencionado como custo de transação com ações (Capítulo 3). E não se esqueça de que há também o valor de R$ 20,00 por ordem. Como foram emitidas quatro ordens no total, esse valor ficou em R$ 80,00 (acrescidos de ISS de R$ 1,63).

Resumo Financeiro		D/C
CBLC		
Valor Líquido das operações	33.709,00	D
Taxa de liquidação	2,02	D
Taxa de Registro	0,00	D
Total CBLC	33.711,02	D
BOVESPA / Soma		
Taxa de termo/opções	0,00	D
Taxa A.N.A.	0,00	D
Emolumentos	9,60	D
Total Bovespa / Soma	9,60	D
Corretagem / Despesas		
Corretagem	80,00	D
ISS RIO DE JANEIRO	1,63	D
Despesas / Outras	0,00	C
Total Corretagem / Despesas	81,63	D
Líquido para 01/08/2011	33.802,25	D

Abrindo agora a tela de trabalho do HB 2.0, o investidor constata que tem o saldo atualizado de R$ 303,89 em sua Conta Investimento, que é exatamente o saldo de R$ 397,14 do dia anterior, deduzindo-se o total de R$ 93,25 devido de emolumentos e taxas de corretagem. Tudo muito matemático, muito preciso e muito correto!

Ao clicar na aba *Custódia BVSP* no quadro de ordens, veja que as ações do aplicador continuam todas lá, com as quantidades exatas:

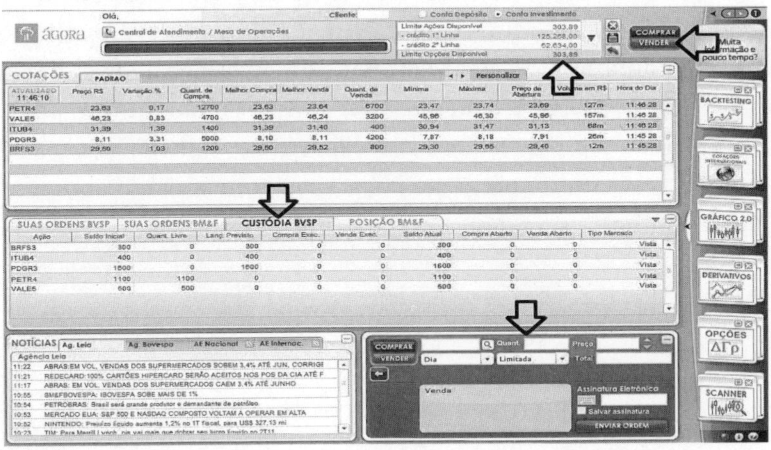

Para o investidor dinâmico construtor, o procedimento mais indicado quanto à negociação de ações é comprar, comprar, comprar e comprar (um pouco todos os meses), para somente lá na frente *vender*, quando seu plano de investimentos finalmente amadurecer, sua meta de acumulação for plenamente atingida e então chegar a feliz hora de botar a mão no dinheiro para concretizar o sonho que o havia motivado a investir, em primeiro lugar.

Assim, espero que *vender* não seja tão cedo uma preocupação sua. No entanto, do ponto de vista do HB 2.0 da Ágora, saiba que vender é uma operação tão simples quando *comprar*, bastando para isso selecionar a boleta *Vender* (vermelho) no botão que fica na testeira da tela (repare que a boleta muda de *azul* para *vermelho* na base da tela). O processo transcorrerá de forma simétrica ao processo de compra.

A partir daí, é vender a mercado o que tiver de vender e colher os frutos de seu esforço poupador e investidor dinâmico! É lógico que, se bem no momento planejado para liquidar suas ações o mercado apresentar uma tendência de baixa naqueles dias, semanas ou meses, vale a pena esperar um pouco e "colher mais maduro" um pouco mais ali à frente.

Até então, é provável que você já tenha atingido a rentabilidade líquida real acumulada diferenciada que havia almejado com seus investimentos em ações, mas uma dose extra de paciência poderá valer a pena: você chegou até aqui, não terá sido fácil, mas seus investimentos dinâmicos triunfaram, e assim compensará aguardar mais alguns dias/semanas/meses para se retirar do mercado em momento de alta, com um "sabor ainda mais doce" em seu experiente "paladar" de investidor construtor. E eu espero que, logo logo, você volte ao mercado para realizar novos sonhos!

CAPÍTULO 10

BONS PLANOS DE INVESTIMENTO PARA REALIZAR SEUS SONHOS

Seus planos indicarão o quanto poupar e aplicar todos os meses

Este último capítulo pode ser lido como um bônus neste livro, pois a obra já estaria completa sem esse conteúdo. Eu poderia simplesmente partir do pressuposto de que você *já tem em mãos* o dinheiro que investirá e, portanto, não precisa de orientação para "encontrar" esse dinheiro. Ou já tem um *dinheiro pronto* (qualquer que tenha sido sua origem) e fará com ele uma aplicação tipo ponta a ponta, ou, então, já se planejou para conseguir poupar regularmente uma certa *mensalidade* e, assim, fará aplicações do tipo *mês a mês*. Partindo de qualquer uma dessas situações, bastará seguir as instruções colocadas até aqui para se transformar em um investidor dinâmico de sucesso.

No entanto, como planejador financeiro que conhece a fundo o bolso da família brasileira, sei que a maior parte dos nossos compatriotas (mesmo os de classe média alta) simplesmente não tem dinheiro pronto, ou tem quantias ainda muito pequenas. No passado, a hiperinflação descontrolada e o salário achatado deformaram nossas finanças pessoais e nos impediram de desenvolver uma tradição de *poupança*. Naqueles tribulados tempos da economia brasileira, a estratégia financeira das famílias só podia ser de *defesa*: gastar o mirrado salário rapidinho e tentar ser feliz com ele, antes que a inflação desvairada o transformasse em pó.

Os tempos mudaram e hoje já temos condições de jogar no *ataque* em nossa vida financeira, pois agora o brasileiro tem mais emprego e uma renda mais digna. Com a inflação sob controle, existe também a real possibilidade de se planejar corretamente para poder poupar, investir, ganhar juros sobre juros, enriquecer e concretizar seus principais sonhos, tudo para fugir do acúmulo imprudente de dívidas, que implicam o pagamento de pesados juros e empobrecem seu bolso. Por isso, fiz questão de agregar a este livro o capítulo da metodologia PROF® (Programa de Reeducação e Orientação Financeira) que trata especificamente da montagem de bons *planos de investimento*.

Dez passos para se planejar e conquistar tudo o que deseja

Como em qualquer dimensão da nossa existência, nossa vida financeira e material é permeada de sonhos, de grandes metas que pretendemos atingir de maneira concreta e segura. Formar-se, casar, comprar carro, casa, decorar a casa, viajar ao exterior, fazer uma pós, trocar de carro, ter filhos, educá-los até a faculdade, comprar outros imóveis, garantir sua aposentadoria — qualquer sonho demanda uma reserva financeira expressiva.

Se quiser que tudo isso seja mesmo realidade, o único jeito é *parcelar* cada umas dessas conquistas e fazê-las caber no orçamento de cada mês. Alguns o fazem por meio de uma *dívida*, porém os que se planejam melhor preferem sempre traçar um *bom plano de investimentos*. Assim, o que lhe parecia impossível, "caro demais", torna-se perfeitamente viável se for conquistado por intermédio de suaves mensalidades. Quer dizer, suaves mesmo não serão, já que bancar as mensalidades de seus planos de investimentos requer considerável esforço poupador e investidor. Mas é um sacrifício bem menor que arcar com as parcelas de uma dívida, pagando os enormes juros embutidos, uma vez que, com bons investimentos, você enriquece porque *ganha* juros compostos.

Seguindo os dez passos que lhe apresento na sequência, você terá um método organizado e seguro para concretizar seus grandes sonhos de compra e consumo por meio de *bons planos de investimentos*:

- Atribua um preço realista a seu sonho.
- Determine um prazo também realista para realizar seu sonho.
- Corrija o preço de seu sonho de acordo com a inflação.
- Pesquise as melhores aplicações financeiras.
- Calcule o esforço mensal necessário a cada aplicação.
- Compare a via da dívida com a alternativa de cada aplicação.
- Compare as aplicações entre si e priorize o dinamismo.
- Ajuste seu plano e encaixe-o em seu orçamento mensal.
- Trace um plano específico para cada sonho.
- Acompanhe seus planos e monitore seu desempenho.

1. Atribua um preço realista a seu sonho

Para traçar um bom plano de investimentos, seja qual o for o sonho em vista, você deverá começar fincando os pés no chão, aterrissando seu sonho em números palpáveis. Comece pelo desafio de atribuir um preço a seu sonho, procurando determinar o quanto precisará acumular para bancá-lo, ou seja, buscando definir sua *meta de acumulação*. Isso que estou sugerindo, de começar precificando sua futura conquista, pode parecer óbvio, mas muita gente costuma apenas fazer uma estimativa por alto do valor do sonho, em vez de estabelecer um valor preciso, como deve ser para que seu plano tenha chances concretas de sucesso.

Você desejará sempre comprar/pagar seu sonho à vista. Com o dinheiro pronto em mãos, será mais fácil, por exemplo, encontrar o imóvel que deseja, pagando por ele o menor preço possível, aproveitando-se de um belo desconto na compra em *cash*. E não incorrerá sequer em um centavo de juros pagos, pois se planejará para escapar de um financiamento imobiliário.

A pergunta óbvia é: quanto custa, realisticamente falando, o imóvel dos seus sonhos? Há imóveis de todo preço. Um apartamento de R$ 100 mil é uma coisa, mas para comprar um de R$ 200 mil o esforço será dobrado; para um de R$ 400 mil, então, é necessário poupar quatro vezes mais. O esforço poupador e investidor que terá de ser feito para bater cada uma dessas metas de acumulação será proporcional à maior (ou menor) magnitude da reserva financeira estratégica que tem de ser acumulada para bancar cada sonho.

Faça já uma boa pesquisa de mercado para descobrir o menor preço

Defina precisamente o valor de mercado atual desse imóvel que deseja, mesmo sabendo que não irá comprá-lo hoje. É isso mesmo: vá às imobiliárias — pelo menos a uma delas — e inteire-se dos parâmetros atuais do mercado para o imóvel dos seus sonhos. As pessoas em geral deixam para pesquisar o preço das coisas que cobiçam na hora de comprar, o que é um erro no caso de bens de maior valor. Sem pesquisar desde o início, lá na frente o preço pegará você de surpresa, traduzindo-se em uma quantia que simplesmente não terá em mãos de uma hora para a outra. Faça diferente, seja previdente: descubra com a máxima antecedência o preço daquilo que cobiça, para poder definir corretamente sua meta de acumulação, planejar-se e correr atrás de juntar a grana certa.

Ainda com relação ao preço do seu sonho, considere também o seguinte: uma coisa é o *valor de tabela*, ou seja, aquele preço "teórico" que o sonho lhe custaria para ser realizado, a princípio. Outra coisa é o *valor efetivo de aquisição*, a soma que terá de desembolsar na compra, depois de já aplicado um eventual desconto para quitação à vista. Essa é a grande vantagem financeira de toda compra à vista: o expressivo desconto que se consegue embolsar em uma negociação com dinheiro vivo. Lembre-se: dinheiro *não pago* é igual a dinheiro *ganho*, e tem o mesmo potencial para fazer enriquecer.

Então seu sonho estará corretamente precificado, pelo menos para o momento presente. Você não comprará nada *ainda hoje*, mas tudo bem, esse terá sido o primeiro passo concreto para que possa, a partir daí, projetar o provável valor do bem no futuro, lá na época da efetiva aquisição e, assim, planejar-se para acumulá-lo por meio das aplicações mensais mais dinâmicas.

2. Determine um prazo também realista para realizar seu sonho

Quando se pensa em planejamento "para o futuro", é necessário ser específico: que futuro é esse? Em sua vida financeira, muita gente boa acaba não chegando lá porque jamais se propõe a refletir — e planejar – onde exatamente deve ficar o tal "lá". Pois esse é o segundo passo na montagem de seu plano de investimentos: estimar um prazo realista para a materialização do seu sonho, determinar o *prazo de realização*.

Vamos pensar na aquisição de um imóvel de R$ 350 mil à vista. Digamos que você já tenha R$ 70 mil, ou 20% do valor necessário, e que faltam R$ 280 mil. Para quando almejaria ter o dinheiro que hoje lhe falta e, assim, poder realizar seu sonho? Lembre-se: prazo mais longo = esforço poupador mensal menor. Encurtando demais o prazo, você tornará o esforço muito pesado para seu orçamento, pois a mensalidade aumentará muito. Além do mais, diminuindo o prazo, você se privará da vantagem financeira do ganho acumulado dos juros sobre juros, jogando mais e mais "fermento no seu bolo" ao longo dos próximos meses e anos.

Pense, por exemplo, em um prazo de dez anos para comprar esse imóvel. Dividindo os R$ 280 mil faltantes pelos 120 meses contidos em dez anos, encontramos o valor mensal de R$ 2.333,00. Essa é uma primeira conta da quantia que deve ser economizada todos os meses, durante 120 meses, para juntar os R$ 280 mil; esse é o tamanho do esforço poupador mensal que terá de empreender para atingir seu objetivo. E então, lhe parece muito?

Deixe-me esclarecer que essa conta não leva em consideração dois importantes fatores que terão papel decisivo nessa história: de um lado, a ameaça da *inflação* e, de outro, a força dos *juros compostos* adquiridos por meio da rentabilidade obtida em uma aplicação financeira dinâmica, para onde suas economias terão sido cuidadosamente destinadas mês após mês. Então, antes que você feche questão em torno de um *prazo de realização* específico, vamos incluir esses dois elementos em nossas contas para observar como eles alteram a realidade financeira desse plano que estamos montando rumo à conquista do imóvel cobiçado.

3. Corrija o preço de seu sonho de acordo com a inflação

A inflação é uma ameaça que joga sempre contra seus interesses de investidor dinâmico construtor: enquanto se propõe a poupar certa quantia todos os meses, para construir progressivamente a meta de acumulação para seu sonho, a inflação faz com que seu objeto de desejo vá subindo de valor, tornando-o mais distante e inatingível. Com inflação acumulada, o mesmo dinheiro que juntou aos poucos ao longo de todo o prazo planejado já não será mais suficiente para comprar o mesmo bem que desejava no início. Uma verdadeira megera das finanças pessoais.

Tudo bem, a vida é assim, a inflação é uma realidade. É melhor conhecer a fera e se planejar do que depois ser pego pelas costas e tomar um susto. Por isso, para montar um plano de investimentos sério, devemos corrigir o valor do sonho para o momento futuro de sua concretização. Isto é, se o imóvel custa *hoje* R$ 350 mil, qual será seu valor de tabela daqui a *dez anos*, computando o impacto encarecedor da inflação? Procedendo com os devidos cálculos de matemática financeira encontramos o valor de R$ 637 mil projetado para daqui a uma década. Essa quantia equivalerá ao poder de compra dos R$ 350 mil hoje, já que terá sido devidamente corrigida para suportar a inflação.

Observe que a taxa de inflação mensal projetada foi de 0,50% ao mês, o que equivale a uma taxa de inflação anual projetada de pouco mais que 6% (exatos 6,17%). Essa é uma meta mais que razoável de se trabalhar para o longo prazo, já com uma boa margem de folga acima da taxa recomendável de 0,40% ao mês para cálculos de muitos anos. De qualquer maneira, é bom lembrar que esses parâmetros são dinâmicos e, por esse motivo, podem se alterar com o tempo. Para se manter informado, você deve acompanhar a seção de economia dos jornais e descobrir quais são as metas de inflação com que o governo e o mercado financeiro vêm trabalhando a cada período. Repare que, normalmente, esses números são divulgados como uma porcentagem *ao ano*, e não ao mês.

Para projetar sua meta de acumulação, use nosso INVESTÔMETRO®

Agora você já poderá fazer seus primeiros cálculos utilizando uma de nossas valiosas ferramentas de planejamento financeiro. Trata-se do **INVESTÔMETRO® – Calculadora de Planos de Investimentos**, ferramenta integrante da metodologia PROF® disponível para download gratuito no site www.oplanodavirada.com.br (buscar o *Kit de Ferramentas* na área *Investimentos à Prova de Crise*). O INVESTÔMETRO® foi programado com base em um arquivo de Microsoft Excel 2003; todavia, você não precisa ter conhecimento profundo desse programa para utilizar essa calculadora – basta seguir as instruções aqui apresentadas. No entanto, será necessário ter o Excel instalado em seu computador para conseguir abri-la e utilizá-la.

Com essa calculadora, já é possível planejar de maneira organizada os três primeiros passos de seu plano de investimentos para comprar um imóvel. Esclareço que os campos vazios com fundo branco servem para inserir suas informações e estão devidamente desprotegidos, sem a necessidade de qualquer senha. Já os campos com fundo na cor cinza servem para mostrar os resultados das contas feitas pela calculadora e estão devidamente protegidos, para que você não os apague por engano. Em suma: o INVESTÔMETRO® já vem prontinho para você poder usá-lo. Note que essa mesma ferramenta pode ser utilizada para traçar o plano de investimentos de qualquer um dos sonhos que você tenha. Por isso, logo o primeiro campo a ser preenchido é aquele com o nome personalizado do seu sonho.

Repare, então, que é preciso inserir as seguintes informações:

- Nome/descrição do seu sonho;
- Valor atual do seu sonho;
- Possível desconto obtido para quitação à vista (em %);
- Reserva financeira que você já tenha e possa usar (PV);
- Prazo planejado (meses) para realizar seu sonho (n);
- Taxa de inflação (anual) que encarecerá seu sonho (i).

As siglas entre parênteses (PV), (n), (i), (PMT) e (FV) correspondem a termos da matemática financeira, incluídos para o devido reconhecimento por parte dos investidores mais avançados, já familiarizados com a terminologia da "matemática do dinheiro". Afinal, nosso INVESTÔMETRO® nada mais é que uma calculadora financeira customizada que permite traçar seus planos de investimentos de forma prática e facilitada.

A calculadora nos apresenta o valor de tabela projetado para o final do prazo (FV): R$ 636.922,00. Esse montante equivale àquilo que o mercado provavelmente pedirá pelo imóvel daqui a dez anos, corrigindo-se o montante para valores da época. Isso, naturalmente, se o imóvel encarecer na mesma proporção da inflação projetada, o que é bem razoável de se supor.

INVESTÔMETRO

CALCULADORA DE PLANOS DE INVESTIMENTOS PARA TER INVESTIMENTOS MAIS DINÂMICOS = SONHOS CONQUISTADOS

Preencha os campos em branco e calcule as "mensalidades" que você deverá poupar e investir a cada 30 dias visando acumular para concretizar seu sonho. Sugerimos projetar a rentabilidade líquida de 0,60% ao mês para aplicações *conservadoras*, 0,80% a.m. para *dinâmicas*, e 1,10% a.m. para *superdinâmicas, e inflação de* 6,17% ao ano.

SEU SONHO:	Aquisição de imóvel	DATA DA CONQUISTA:	10 ANOS
PLANO DE INVESTIMENTOS	Valor *de tabela* atual do seu sonho (*valor de mercado*)	$ 350.000	ESSE VALOR É REALISTA?
	Possível desconto obtido para quitação à vista (*em %*)	10,00%	$ -35.000
	Reserva financeira que você já tenha e possa usar **(PV)**	$ 70.000	TEM MESMO ESSE VALOR?
	Prazo planejado (*meses*) para realizar seu sonho **(n)**	120 meses	10,0 anos
	Taxa de inflação (*anual*) que encarecerá seu sonho **(i)**	6,17%/ano	0,50%/mês
	Valor de tabela projetado para o final do prazo **(FV)**	$ 636.922	PROJETADO PARA ÉPOCA

Aguarde os próximos passos...

Aguarde os próximos passos...

Aguarde os próximos passos...

SMARTCALCS® *por* PROF. MARCOS SILVESTRE *para* WWW.OPLANODAVIRADA.COM.BR

Metodologia PROF® Programa de Reeducação e Orientação Financeira V.1102251009

É provável que o preço de seu sonho suba mais que a inflação?

Aqui, cabe um comentário à parte sobre a valorização no mercado imobiliário: tenho ouvido muita gente reclamar que o preço dos imóveis está subindo demais, que os valores estão ficando "impossíveis". Há um pouco de exagero nessa interpretação: esses aumentos dos imóveis costumam chamar bastante atenção porque se aplicam sobre montantes de dezenas ou centenas de milhares de reais, o que normalmente custa um imóvel. Mas cuidado: os preços na feira e no supermercado podem estar subindo até mais rapidamente que o valor dos imóveis.

Você talvez não se dê conta disso porque, nesses dois outros casos, diferentemente dos imóveis, as porcentagens de aumento se aplicam a itens de compra de poucos reais. Mas é bem provável que os imóveis tenham subido proporcionalmente menos. Se estiver pensando em algum bairro que virou moda nos últimos anos (sempre há) e, mais especificamente, no metro quadrado de imóveis *novos*, ainda não habitados, e com padrão de construção diferenciado — como é o caso de uma parte dos imóveis de classe média alta hoje em dia —, bem, aí poderá até acontecer de o valor subir *acima* da inflação. Mas para imóveis residenciais "normais" de classe média, sejam casas ou apartamentos, o mais provável é que seus preços acompanhem a inflação.

Vale lembrar que todo imóvel, apesar de ser um *bem de raiz*, também não deixa de ser um *bem de uso* como outro qualquer, um bem que também sofre certa depreciação com o passar dos anos, seja no seu design, na sua estrutura ou nas instalações. É por isso que um imóvel com 20 anos de uso, mesmo que perfeitamente bem conservado, sempre custará bem mais barato do que um 0 km da mesma metragem na mesma região. Pelo raciocínio exposto, posso afirmar que esse mesmo imóvel que você deseja comprar hoje muito provavelmente daqui a dez anos não terá subido de valor mais do que a inflação. E isso se for muito bem conservado e continuar bem localizado, como o era dez anos antes.

4. Pesquise as melhores aplicações financeiras

Seu objetivo é conquistar seu sonho evitando o caminho da dívida: é por isso que está se dedicando a estruturar um bom plano de investimentos. Assim, você está ciente de que deverá empreender um determinado esforço poupador e investidor todos os meses, ou seja, deverá "pagar uma mensalidade" para o seu plano. E para onde deve ir esse dinheiro? Para alguma aplicação financeira na qual você pretenda ganhar bons juros sobre juros, sem correr riscos desnecessários.

O truque financeiro aqui é o seguinte: enquanto você trabalha e se esforça para depositar o valor planejado todos os meses (essa responsabilidade é sua, não vá falhar com ela!), seu dinheiro também vai contribuindo para alcançar sua meta de acumulação e realizar o sonho. É para isso que se investe dinheiro: para tornar a concretização dos nossos grandes sonhos de compra e consumo menos *sofrida* ou menos *demorada*. Ricos sofrem menos e esperam menos para ter as coisas, e por isso você precisa se valer dessa técnica enriquecedora para poder comprar algo de maior valor.

Investir pode não lhe parecer muito atraente, já que, em um primeiro momento, significa não gastar. Mas pense no investimento como gasto postergado para um momento futuro: enquanto o bem almejado não vem, o dinheiro vai rendendo, vai se acumulando, vai produzindo mais e mais dinheiro, vai enriquecendo seu bolso para lhe dar mais rápido e com menos sacrifício aquilo que você tanto cobiça. Enxergando dessa maneira, qualquer esforço poupador e investidor ficará bem mais estimulante.

Boas alternativas de aplicações dinâmicas é que não faltam

Para sua sorte, o mercado financeiro brasileiro apresenta excelentes opções de investimentos dinâmicos para os pequenos e médios aplicadores, opções disponíveis em nossos bancos, administradoras de investimentos, corretoras de valores, seguradoras e empresas de vida e previdência.

Há três grandes grupos de boas aplicações financeiras às quais qualquer pequeno e médio investidor brasileiro pode ter acesso:

Tradicionais: caderneta de poupança e similares, como Fundos de Investimento Financeiro (FIFs) conservadores (FIFs DI ou Renda Fixa) ou planos de previdência privada conservadores.
Dinâmicas: títulos da Dívida Pública Brasileira, adquiridos pela internet, por meio do Tesouro Direto, ou também planos de previdência privada moderados.
Superdinâmicas: ações de boas empresas brasileiras, compradas também on-line, por meio do sistema Home Broker da BM&FBovespa, ou planos de previdência privada arrojados.

O que vai variar de uma aplicação para a outra é a *rentabilidade líquida* (já descontados os impostos e as taxas) que pode ser obtida em cada uma delas, conforme a *faixa de prazo indicada* para cada grupo de aplicações. A seguir, apresento números bem razoáveis de se esperar do curto ao longo prazo:

Tradicionais: 0,60% ao mês → curto prazo (até 24 meses).
Dinâmicas: 0,80% ao mês → médio prazo (dois a cinco anos).
Superdinâmicas: 1,10% ao mês → longo prazo (mais de cinco anos).

Olhando rapidamente, parece que a diferença de uma taxa para a outra é pequena: só 0,20 pontos percentuais ao mês da poupança para títulos do Tesouro, ou só 30% a mais dos títulos públicos para as ações. No entanto, você já sabe que, quando os juros sobre juros são colocados para trabalhar a seu favor, uma pequena diferença de rentabilidade *mensal* pode representar um tremendo acréscimo nos ganhos *acumulados* com o passar dos meses e anos. Da mesma maneira que você adiciona pequenas pitadinhas de fermento para fazer um bolo crescer, assim funciona o discreto diferencial de taxas de rentabilidade líquida entre as diversas aplicações financeiras.

5. Calcule o esforço mensal necessário a cada aplicação

Neste livro, você aprendeu que, além de ter seu *prazo de realização* muito bem definido em seu plano de investimentos, para poder casá-lo com o *prazo de maturação* da melhor aplicação, também é necessário ter na ponta do lápis o *valor da mensalidade* certa a aplicar, porque ela determinará a *quantidade de ativos financeiros* que você pode comprar todos os meses em suas aplicações dinâmicas, sejam esses ativos títulos públicos ou ações de boas empresas brasileiras, conforme a *faixa de prazo indicada* em cada plano. Já deu para perceber o seguinte: as dimensões prazo de realização e valor da mensalidade de seu planos de investimentos competem entre si: se uma sobe, a outra desce, e vice-versa.

Ao apurar as três mensalidades possíveis conforme os três grupos de aplicações acessíveis ao pequeno e médio investidor, talvez você terá de refazer seus cálculos e esticar um pouco o prazo, se as mensalidades tiverem ficado "salgadas" demais, ou, então poderá até mesmo encurtar o prazo (como seria o ideal!), caso perceba que uma mensalidade um pouco maior até caberá em seu orçamento. Portanto, para calcular as mensalidades, nosso próximo passo, será necessário inserir as taxas de rentabilidade líquida mensal (viáveis para cada um dos três grupos de aplicações disponíveis) nos campos adequados de nosso INVESTÔMETRO®.

Veja como ficam as contas e preste particular atenção aos valores das mensalidades alternativas, pois elas representam o tamanho do esforço poupador e investidor que você deverá desenvolver conforme cada aplicação escolhida (figura na página seguinte).

Agora atente-se para uma importante característica do funcionamento do INVESTÔMETRO®: conforme o prazo que esteja sendo contemplado na montagem de seu plano de investimentos, os campos de resultados que se referem à aplicação *dinâmica* e à *superdinâmica* podem permanecer em branco. Para que você não se atrapalhe em seu planejamento, sendo induzido a escolher aplicações inadequadas para seu prazo de realização, nosso INVESTÔMETRO® já está programa-

INVESTÔMETRO

CALCULADORA DE PLANOS DE INVESTIMENTOS PARA TER INVESTIMENTOS MAIS DINÂMICOS = SONHOS CONQUISTADOS

Preencha os campos em branco e calcule as "mensalidades" que você deverá poupar e investir a cada 30 dias visando acumular para concretizar seu sonho. Sugerimos projetar a rentabilidade líquida de 0,60% ao mês para aplicações *conservadoras*, 0,80% a.m. para *dinâmicas*, e 1,10% a.m. para *superdinâmicas, e inflação de* 6,17% ao ano.

SEU SONHO:	Aquisição de imóvel	DATA DA CONQUISTA:	10 ANOS
PLANO DE INVESTIMENTOS	Valor *de tabela* atual do seu sonho (*valor de mercado*)	$ 350.000	ESSE VALOR É REALISTA?
	Possível desconto obtido para quitação à vista (*em %*)	10,00%	$ -35.000
	Reserva financeira que Você já tenha e possa usar **(PV)**	$ 70.000	TEM MESMO ESSE VALOR?
	Prazo planejado (*meses*) para realizar seu sonho **(n)**	120 meses	10,0 anos
	Taxa de inflação (*anual*) que encarecerá seu sonho **(i)**	6,17%/ano	0,50%/mês
	Valor de tabela projetado para o final do prazo **(FV)**	$ 636.922	PROJETADO PARA ÉPOCA
1. TRADICIONAL	Rentabilidade *líquida mensal* obtida na aplicação **(i)**	0,60% nom.	0,10% real
	Esforço poupador & <u>investidor</u> = *mensalidade* (PMT)	**$ -2.456**	DEVE APLICAR
	Seu custo (*corrigido p/ época*) = *esforço do trabalho*	$ -529.844	83% do total
	Ganho de juros + desconto à vista = *esforço do dinheiro*	$ 107.078	17% do total
2. DINÂMICA	Rentabilidade *líquida mensal* obtida na aplicação **(i)**	0,80% nom.	0,30% real
	Esforço poupador & <u>investidor</u> = *mensalidade* (PMT)	**$ -1.953**	DEVE APLICAR
	Seu custo (*corrigido p/ época*) = *esforço do trabalho*	$ -447.545	70% do total
	Ganho de juros + desconto à vista = *esforço do dinheiro*	$ 189.377	30% do total
3. SUPERDINÂMICA	Rentabilidade *líquida mensal* obtida na aplicação **(i)**	1,10% nom.	0,60% real
	Esforço poupador & <u>investidor</u> = *mensalidade* (PMT)	**$ -1.268**	DEVE APLICAR
	Seu custo (*corrigido p/ época*) = *esforço do trabalho*	$ -335.160	53% do total
	Ganho de juros + desconto à vista = *esforço do dinheiro*	$ 301.762	47% do total

SMARTCALCS® *por* PROF. MARCOS SILVESTRE *para* WWW.OPLANODAVIRADA.COM.BR

Metodologia PROF® Programa de Reeducação e Orientação Financeira V.1102251009

do para não mostrar resultados de mensalidades incompatíveis com o prazo de investimento de que você dispõe, se porventura ele for curto demais para tanto. Só serão apresentadas projeções de resultados para as aplicações *dinâmicas* em caso de prazos de 21 meses ou maior (acima de *dois* anos), e para as aplicações *superdinâmicas*, na hipótese de prazos de 61 meses ou mais (acima de *cinco* anos). Por fim, em nenhum caso será necessário o fornecimento de senha para utilizar a calculadora, já que os campos que deverão receber suas informações (campos de fundo na cor branca) já se encontram devidamente desprotegidos.

6. Compare a via da dívida com a alternativa de cada aplicação

Agora é chegada a crucial hora das comparações entre os caminhos alternativos para atingir o mesmo objetivo: a concretização do seu sonho. Vai encarar a dívida de um financiamento imobiliário? Ou, então, qual aplicação escolher? A primeira comparação deve sempre ser entre o caminho da dívida e os três caminhos alternativos das aplicações financeiras. Observe o valor mensal de que você teria de dispor em cada situação:

- No caminho da dívida = R$ 4.017,00.
  (prestação calculada a juros de mercado de 12,75% ao ano)
- Na aplicação tradicional = R$ 2.456,00.
- Na aplicação dinâmica = R$ 1.953,00.
- Na aplicação superdinâmica = R$ 1.268,00.

Os números esclarecem bastante, não? E vale lembrar: mesmo que tenha de pagar um aluguel de R$ 2 mil todo mês para morar provisoriamente em um imóvel alugado do mesmo padrão, enquanto aplica e acumula a reserva financeira estratégica para adquirir seu imóvel próprio mais à frente, ainda assim sairá mais barato do que escolher o caminho da dívida. Nesse caso, seu prazo de realização é o longo prazo, o que lhe permite escolher uma aplicação com prazo de maturação também longo.

Se optar, por exemplo, pela aplicação superdinâmica + aluguel, seu esforço poupador e investidor mensal será de apenas R$ 3.308,00 (= R$ 1.268,00 da aplicação + R$ 2 mil do aluguel), gerando uma economia mensal com relação à dívida do financiamento imobiliário de R$ 749,00 (= R$ 4.017,00 da prestação do financiamento – R$ 3.268,00 de aplicação mensal + aluguel). Em tempo: taxa condominial, contas de luz, água, gás etc., não entram no desempate entre esses dois caminhos, porque em ambos estarão igualmente presentes e pesarão da mesma maneira em seu bolso.

No caso do imóvel, pagar aluguel e investir pode ser melhor que financiar

A escolha é clara:

- Dar R$ 70 mil de entrada e financiar o restante em 120 meses, pagando R$ 4.107,00 por mês para ter o imóvel quitado e passado em seu nome somente daqui a dez anos; ou, então:
- Investir os R$ 70 mil em uma aplicação superdinâmica, aplicar R$ 1.268,00 mensais, pagar aluguel de R$ 2 mil em um imóvel compatível durante esse período, tendo R$ 750,00 liberados todos os meses, podendo daqui a dez anos comprar seu imóvel à vista com desconto.

O que você vai fazer com R$ 750,00 a mais para gastar todos os meses durante dez anos? Qualquer coisa será melhor que gastar esse dinheiro em juros pagos por puro deslize financeiro. Se você não precisa desse dinheiro, doe a quem precisa, mas não o desperdice com juros evitáveis.

Você também poderá utilizar esses R$ 750,00 para antecipar a realização do seu sonho. Volte à calculadora, troque o prazo de 120 meses (dez anos) por 90 meses (sete anos e meio) e veja como ficam as contas:

Com a diminuição do prazo, o esforço mensal na aplicação superdinâmica elevou-se em aproximadamente R$ 750,00, indo de R$ 1.268,00

INVESTÔMETRO

CALCULADORA DE PLANOS DE INVESTIMENTOS PARA TER INVESTIMENTOS MAIS DINÂMICOS = SONHOS CONQUISTADOS

Preencha os campos em branco e calcule as "mensalidades" que você deverá poupar e investir a cada 30 dias visando acumular para concretizar seu sonho. Sugerimos projetar a rentabilidade líquida de 0,60% ao mês para aplicações *conservadoras*, 0,80% a.m. para *dinâmicas*, e 1,10% a.m. para *superdinâmicas, e inflação de* 6,17% ao ano.

SEU SONHO:	Aquisição de imóvel	DATA DA CONQUISTA:	10 ANOS
PLANO DE INVESTIMENTOS	Valor *de tabela* atual do seu sonho (*valor de mercado*)	$ 350.000	ESSE VALOR É REALISTA?
	Possível desconto obtido para quitação à vista (*em %*)	10,00%	$ -35.000
	Reserva financeira que Você já tenha e possa usar **(PV)**	$ 70.000	TEM MESMO ESSE VALOR?
	Prazo planejado (*meses*) para realizar seu sonho **(n)**	90 meses	7,5 anos
	Taxa de inflação (*anual*) que encarecerá seu sonho **(i)**	6,17%/ano	0,50%/mês
	Valor de tabela projetado para o final do prazo **(FV)**	$ 548.380	PROJETADO PARA ÉPOCA
1. TRADICIONAL	Rentabilidade *líquida mensal* obtida na aplicação **(i)**	0,60% nom.	0,10% real
	Esforço poupador & <u>investidor</u> = *mensalidade* (PMT)	**$ -3.143**	DEVE APLICAR
	Seu custo (*corrigido p/ época*) = *esforço do trabalho*	$ -465.838	85% do total
	Ganho de juros + desconto à vista = *esforço do dinheiro*	$ 82.542	15% do total
2. DINÂMICA	Rentabilidade *líquida mensal* obtida na aplicação **(i)**	0,80% nom.	0,30% real
	Esforço poupador & <u>investidor</u> = *mensalidade* (PMT)	**$ -2.671**	DEVE APLICAR
	Seu custo (*corrigido p/ época*) = *esforço do trabalho*	$ -412.404	75% do total
	Ganho de juros + desconto à vista = *esforço do dinheiro*	$ 135.977	25% do total
3. SUPERDINÂMICA	Rentabilidade *líquida mensal* obtida na aplicação **(i)**	1,10% nom.	0,60% real
	Esforço poupador & <u>investidor</u> = *mensalidade* (PMT)	**$ -2.009**	DEVE APLICAR
	Seu custo (*corrigido p/ época*) = *esforço do trabalho*	$ -337.292	62% do total
	Ganho de juros + desconto à vista = *esforço do dinheiro*	$ 211.088	38% do total

SMARTCALCS® *por* PROF. MARCOS SILVESTRE *para* WWW.OPLANODAVIRADA.COM.BR

Metodologia PROF® Programa de Reeducação e Orientação Financeira V.1102251009

para R$ 2.009,00. Esse novo valor, quando somado aos R$ 2 mil do aluguel provisório, resultam em R$ 4.009,00. Parece muito? Pois é praticamente o mesmo valor de R$ 4.017,00 da prestação do financiamento de dez anos! E então, você quer conquistar exatamente o mesmo sonho, com exatamente o mesmo esforço mensal em dez anos ou em sete anos e meio, dois anos e meio antes, 30 meses totalmente livres de prestações mensais de R$ 4.017,00?

Para finalizar esse nosso raciocínio sobre o duelo dívidas *versus* investimentos, considere que acabamos de tratar da economia gerada em *um único* sonho de sua vida financeira: imagine o mesmo raciocínio aplicado a outras decisões semelhantes. Quanto dinheiro desperdiçado não há em uma vida inteira pautada em dívidas? Quanto poder aquisitivo não poderia ser liberado por uma vida financeira tocada na base de bons planos de investimentos? Diga-me: temos ou não aí uma excelente fonte inovadora de enriquecimento?

7. Compare as aplicações entre si e priorize o dinamismo

Agora, as comparações devem se voltar para as diferentes opções de aplicações financeiras. Em todas elas, contará a vantagem de se poder comprar à vista e com desconto, mas, em cada opção, os ganhos obtidos com juros sobre juros serão diferentes, diferenciando, portanto, o esforço que você terá de empreender conforme o teor de dinamismo da aplicação específica que escolher:

Na **aplicação tradicional** (como poupança):

- Esforço poupador e <u>investidor</u> = mensalidade (PMT) = R$ 2.456,00.
- Seu custo (corrigido pela época) = esforço do *trabalho* = R$ 530 mil.

- Ganho de juros + desconto à vista = esforço do *dinheiro* = R$ 107 mil.
- *Resultado*: você vai entrar com 83% e seu dinheiro, com 17%.

Na **aplicação dinâmica** (títulos do Tesouro Direto):

- Esforço poupador e investidor = mensalidade (PMT) = R$ 1.953,00.
- Seu custo (corrigido pela época) = esforço do *trabalho* = R$ 448 mil.
- Ganho de juros + desconto à vista = esforço do *dinheiro* = R$ 189 mil.
- *Resultado*: seu esforço será de 70% e do seu dinheiro, de 30%.

Na **aplicação superdinâmica** (ações na BM&FBovespa):

- Esforço poupador investidor = mensalidade (PMT) = R$ 1.268,00.
- Seu custo (corrigido pela época) = esforço do *trabalho* = R$ 335 mil.
- Ganho de juros + desconto à vista = esforço do *dinheiro* = R$ 302 mil.
- *Resultado*: você contribui com 53% e seu dinheiro, com 47%.

Reflita sobre esses números e responda: vale ou não a pena perseguir uma rentabilidade líquida ligeiramente diferenciada no mês a mês, mesmo que seja de "apenas" alguns décimos percentuais?

Quando você prioriza o dinamismo em suas aplicações — e isso pode ser feito sem abrir mão de excelentes padrões de liquidez e segurança —, a "mágica" é que seu sonho será conquistado com muito menos esforço do seu trabalho, porque crescerá naturalmente o esforço do seu dinheiro. Que tal?

Qualquer que seja a aplicação escolhida, sua profissão e seu trabalho serão os mesmos, seus ganhos também, e a entrada de dinheiro no seu bolso não mudará. No entanto, tomando a atitude de traçar bons planos de investimentos e privilegiar as aplicações financeiras dinâmicas ou superdinâmicas, observe como seu poder aquisitivo será tremendamente ampliado. Poder enriquecer dessa maneira, com pura inteligência financeira, não é bastante estimulante?

8. Ajuste seu plano e encaixe-o em seu orçamento mensal

Nada acontecerá se você, depois de traçar um bom plano de investimentos, não se esforçar para honrá-lo. É preciso que deposite as mensalidades previstas religiosamente na aplicação escolhida ao longo de todo o prazo de realização de seu plano. Essa capacidade de poupança não lhe advirá por acaso: você terá de planejar e administrar seus gastos com competência, mantendo-os enxutos, bem focados e sob controle. Além disso, deverá se livrar das dívidas imprudentes, pois elas corroem seu poder aquisitivo e não deixam espaço para economizar sem sacrificar seu padrão de vida.

Planejando e administrando melhor seus gastos e dívidas, você garante dois importantes benefícios para sua vida financeira, e os garante de maneira bem equilibrada: bom padrão de qualidade de vida presente e regularidade em suas economias mensais, para assegurar suas aplicações e a realização de seus maiores sonhos, conquistando assim um bom padrão de qualidade de vida também no futuro.

Esse planejamento é tão decisivo para sua qualidade de vida que, em meu livro *12 Meses para Enriquecer: O Plano da Virada*, trato detalhadamente de como você pode organizar os diversos pagamentos de seu orçamento pessoal e familiar, economizando nos gastos e nas dívidas de maneira sábia, sem sacrifícios absurdos, tudo isso para conseguir liberar dinheiro bom para seus investimentos enriquecedores.

Agora, enquanto você não "bater o martelo" sobre determinado plano e começar efetivamente a aplicar as mensalidades planejadas, nada acontecerá. Quanto antes fechar suas simulações sobre a meta de acumulação desejada, o prazo de realização possível e a mensalidade que cabe em seu orçamento, mais rapidamente poderá escolher a aplicação certa e começar a investir e ganhar mais dinheiro para concretizar seu sonho.

Nosso INVESTÔMETRO® aceita inúmeras simulações de caminhos rumo à prosperidade; portanto, encontre o que melhor se encaixa no seu bolso e comece já a enriquecer de maneira dinâmica!

9. Trace um plano específico para cada sonho

Quantos são os sonhos de compra e consumo que ainda deseja realizar nesta vida? Para cada meta importante que ainda não tenha sido conquistada, recomendo traçar um plano de investimentos específico. Um grande erro das pessoas bem-intencionadas é fazer planos "por alto"; outro é juntar em um só saco "diferentes dinheiros". É preciso que suas metas de acumulação sejam calculadas separadamente, porque dizem respeito a sonhos distintos. Com o dinheiro acumulado para o sonho X não se realiza o sonho Y; portanto, evite confundir-se na sua vida financeira, uma vez que, nas finanças pessoais, a confusão é inimiga da realização.

Se você pretende fazer um gasto de grande porte, ou a aquisição de um bem que dependerá de uma quantia elevada, superior a 60% dos ganhos da família em um mês, tem de fazer um plano de investimentos específico para esse "sonho". No caso de uma compra dessa importância, mesmo que fosse feita parceladamente, digamos, em 12 vezes "sem juros", ainda assim cada parcela já teria o peso de 5% ou mais no orçamento, o que poderia comprometer seu equilíbrio orçamentário, induzindo-o a dívidas emergenciais e muito caras.

Para cada sonho, uma meta de acumulação, um prazo de realização, uma mensalidade (que não se confunde com outras mensalidades) e uma aplicação (a que melhor se encaixa). Trate cada sonho como mais uma "conta a pagar" todos os meses, com a enorme vantagem de que esse é um pagamento que você está fazendo *a você mesmo*!

10. Acompanhe seus sonhos e monitore seu desempenho

Uma dificuldade que meus clientes particulares *bem planejados* manifestam ter é a seguinte: como saber qual quantia acumulada em qual aplicação é de qual plano de investimentos? Poder enxergar isso é necessário para que o aplicador tenha uma noção de seu desempenho acumulador, ou seja, para que ele confira se o dinheiro que tem de ser acumulado está de fato sendo acumulado. Com o passar dos meses e anos, essa contabilidade pode ficar confusa, mas ter esse controle é importante para poder extrair da leitura dessas informações um certo senso de realização *parcial*, já que a realização total só virá lá na ponta, quando a meta de acumulação for finalmente atingida e o sonho que a aguarda puder ser concretizado.

Note que não estou me referindo aqui ao desempenho de rentabilização das aplicações em si, porque este nem precisa ser conferido mês a mês, no máximo uma vez por ano, ou a cada seis meses, para os aplicadores mais afoitos. Para as aplicações providenciadas de maneira segura, como recomendo neste livro, os parâmetros de rentabilidade não mudam muito com o tempo e não carecem de um acompanhamento "minuto a minuto" por parte do investidor dinâmico construtor.

Vamos imaginar que você, seguindo minha orientação, tenha traçado um plano para cada sonho importante ainda não realizado. Digamos que você tenha seis diferentes planos correndo em paralelo. Isso significa que, além de alguma aplicação inicial que você possa ter feito com algum dinheiro pronto de que já dispunha na largada de algum de seus planos, ou de todos eles, adicionalmente você está planejando disponibilizar seis mensalidades, cuidadosamente poupadas com a finalidade de, a cada mês, realizar as compras das aplicações mais adequadas para cada plano. Sabemos que, no tocante à *faixa de prazo indicada*, seus planos podem ser enquadrados em basicamente três horizontes: curtíssimo/curto, médio ou longo/longuíssimo prazo, e é por aí que faremos a contabilidade das aplicações já realizadas.

Contabilizando seus planos de curto/curtíssimo prazo

Para seus planos de curtíssimo/curto prazo, abra uma caderneta de poupança dedicada, exclusiva, para receber depósitos desses planos. Digamos que eles sejam *dois* daquele total de seis planos e imaginemos que um deles mire na *troca de seu atual carro* daqui a um ano e meio (18 meses) e o outro tenha foco em uma *grande viagem* a realizar daqui a, no máximo, dois anos (24 meses). Desde o início do período de acumulação, as mensalidades desses dois planos devem ser destinadas a essa caderneta, tanto os R$ 1 mil mensais da troca do carro quanto os R$ 500,00 da viagem, por exemplo.

Então, pegue um caderno, ou abra uma simples planilha de cálculo no computador, e vá anotando cada mensalidade que aplicar para cada plano, tendo sempre a soma pronta de cada plano. Após 12 meses, por exemplo, para o plano da troca de carro você terá destinado R$ 12 mil (= R$ 1 mil × 12 mensalidades), e para a viagem terá direcionado R$ 6 mil (= R$ 500,00 × 12 mensalidades). Somados, esses valores aplicados perfazem R$ 18 mil.

Com uma simples regra de três, você descobre que os R$ 12 mil da troca de carro equivalem a 66,7% do total aplicado, e os R$ 6 mil da viagem correspondem a 33,3% de tudo o que essa caderneta recebeu nesse um ano. Então, confira o saldo atualizado da poupança daqui a um ano: você tem lá R$ 18.600,00. Daí, para saber o quanto disso é de cada plano é muito fácil: 66,7%, ou R$ 12.460,00, são da troca do carro (e isso já está dando R$ 460,00 de ganho), e 33,3%, ou R$ 6.140,00, são da viagem (o que já indica ganho acumulado de R$ 140,00).

Contabilizando seus planos de médio prazo

O mesmo princípio apresentado anteriormente deverá ser seguido para seus planos de médio prazo, entre dois e cinco anos. Digamos que sejam dois: poder *reformar a casa* daqui a três anos e meio (42 meses) e juntar uma bela *entrada para comprar um segundo imóvel* financiado daqui a quatro anos e meio (54 meses). Conforme os planos de investimentos que você calculou no INVESTÔMETRO,® a mensalidade da reforma é de R$ 1 mil e a mensalidade da entrada do segundo imóvel é de R$ 1.200,00. Tanto um valor quanto outro estão sendo direcionados para títulos públicos com maturação a médio prazo, como LTNs, NTNBs Principais e LFTs.

Mais uma vez, pegue seu caderno ou planilha de controle e vá anotando cada mensalidade que aplicar para cada plano, tendo sempre a soma pronta de cada plano. Após 24 meses, por exemplo, para o plano da reforma você terá destinado R$ 24 mil (= R$ 1 mil × 24 mensalidades), e para a viagem terá direcionado R$ 28.800,00 (= R$ 1.200,00 × 24 mensalidades).

Somados, os valores aplicados perfazem R$ 52.800,00. Novamente, com uma simples regra de três (pode usar a porcentagem da calculadora!), você descobre que os R$ 24 mil da troca de carro equivalem a 45% do total aplicado em títulos públicos de médio prazo, e os R$ 28.800,00 da entrada do segundo imóvel correspondem a 55% de tudo o que esses títulos receberam ao longo desses dois anos.

Então, daqui a dois anos, confira o saldo atualizado de todos os títulos do Tesouro Direto de médio prazo: você tem lá R$ 58 mil. Daí, para identificar o quanto disso é de cada plano é muito fácil: 45%, ou R$ 26.100,00, são da reforma da casa (e isso já está dando R$ 2.100,00 de expectativa de ganho), e 55%, ou R$ 31.900,00, são da entrada do segundo imóvel (o que já indica um possível ganho acumulado de R$ 3.100,00).

Lembre-se de que, nesse caso, seus títulos foram valorados a mercado no momento dessas contas, e essa valoração pode não mostrar o que de fato acontecerá com eles, ou seja, pode não mostrar a rentabilidade que foi pactuada no momento da compra desses títulos. Mas tudo bem: você está ciente disso e só quer mesmo é ter uma noção de seu desempenho acumulador.

Em tempo: se você adotar aquela sugestão de aplicar em uma caderneta (em vez de em títulos do Tesouro Direto), tome o cuidado de abrir uma poupança diferente daquela que já existe para os planos de curto prazo no último ano de cada um de seus planos de investimentos de médio prazo. Na hora de fazer as contas citadas anteriormente, some o saldo dessa caderneta ao saldo dos títulos públicos de médio prazo.

Contabilizando seus planos de longo/longuíssimo prazo

Com seus planos de longo ou longuíssimo prazo, acima de 5 anos, a coisa não será diferente. Digamos que sejam dois: poder *pagar a faculdade do filho* daqui a dez anos (120 meses) e juntar uma bela *reserva financeira para a aposentadoria* para daqui a 25 anos (300 meses).

De acordo com os planos de investimentos que você calculou no INVESTÔMETRO,® a mensalidade da faculdade do filho é de R$ 400,00, e a mensalidade da aposentadoria é de R$ 1.500,00. Tanto um valor quanto outro estão sendo direcionados para ações de boas empresas brasileiras com maturação a longo prazo, conforme a técnica "cinco estrelas".

Novamente, pegue seu caderno ou planilha de controle e vá anotando cada mensalidade que aplicar para cada plano, tendo sempre a soma pronta de cada um deles. Após 60 meses, por exemplo, para o plano da faculdade do filho você terá destinado R$ 24 mil (= R$ 400 mil × 60 mensalidades), e para a aposentadoria terá direcionado R$ 90 mil (= R$ 1.500,00 × 60 mensalidades).

Somados, os valores aplicados perfazem R$ 114 mil. Novamente, use a porcentagem da sua calculadora para descobrir que os R$ 24 mil da faculdade do filho equivalem a 21% do total aplicado em ações, e os R$ 90 mil da aposentadoria correspondem a 79% de tudo o que sua carteira de ações recebeu ao longo desses cinco anos.

Sendo assim, daqui a cinco anos, confira o saldo atualizado líquido de sua carteira de ações: você tem lá R$ 160 mil. Então, para identificar o quanto disso é de cada plano é bastante simples: 21%, ou R$ 33.600,00, são da faculdade do filho (e isso já está dando R$ 9.600,00 de ganho projetado), e 71%, ou R$ 126.400,00 são da aposentadoria (o que já indica um provável ganho acumulado de R$ 36.400,00).

Convém lembrar que, nesse caso, suas ações foram valoradas a mercado no momento desse balanço do quinto ano, e essa valoração pode não mostrar o que de fato acontecerá com esses ativos, ou seja, pode não retratar aquela rentabilidade diferenciada que era planejada no momento da compra dessas ações. Mas não há problema: você está ciente disso e não vai mesmo colher suas aplicações de curto prazo agora, apenas deseja ter uma ideia de seu desempenho acumulador.

Em tempo: se você selecionar como ativos financeiros para suas aplicações acima de cinco anos também os títulos públicos de longo prazo, como as NTNBs Principais com vencimento em 2024 ou 2035, tome o cuidado de somar o saldo dessas aplicações na hora de fazer as contas acima.

CONCLUSÃO

12 MESES PARA ENRIQUECER – O PLANO DA VIRADA

Crises, dívidas e gastos não devem inibir seu dinamismo investidor

A macroeconomia, seja a brasileira ou a global, é cíclica, crises vem e vão. No entanto, em sua vida financeira é desejável (e perfeitamente possível!) conseguir uma saudável perenidade rumo à prosperidade, traçando e colocando em prática um planejamento competente. Nas finanças pessoais, importa mais o que acontece "da porta para dentro" do que as oscilações do mundo lá fora. Então, sua qualidade de vida dependerá essencialmente de como você cuidará de desempenhar os vários papéis que todos temos no relacionamento com o dinheiro.

Por trás de todo *investidor* de sucesso há um *poupador* disciplinado. Por trás de um poupador de sucesso há um *gastador* bem controlado. Por trás de um gastador de sucesso há sempre um bom *planejador* financeiro, que com seu bom planejamento e seus bons hábitos financeiros se mantém sempre longe das dívidas nocivas.

Se você ainda tem desafios com relação ao controle de seus gastos pessoais, à organização de seu orçamento familiar e de suas dívidas, quero lhe recomendar a leitura de outro guia utilitário de finanças pessoais de minha autoria: *12 Meses para Enriquecer: o Plano da Virada.*

O objetivo principal desse livro é ensiná-lo a *multiplicar* seu poder aquisitivo se valendo de três indispensáveis *fatores multiplicadores do seu dinheiro*: gastos mais econômicos, dívidas mais prudentes e investimentos mais dinâmicos.

Sabendo explorar corretamente essas três fontes de enriquecimento lícito, você fará crescer e frutificar de forma impactante aquele dinheiro já conquistado por meio de seu trabalho honesto e dedicado, para poder assim ampliar seu poder de compra de forma concreta e impactar positivamente sua qualidade de vida, começando a partir de já.

Em *12 Meses para Enriquecer* apresento dicas, orientações, técnicas e ferramentas úteis para estas três importantes *áreas de preocupação e ação* nas suas finanças pessoais: seus *investimentos*, seus *gastos* e suas *dívidas*. Esses são os três tipos de *pagamentos* (= três principais formas de *desembolsar* o dinheiro) que disputam seus "cobres" entre si. Esses três vivem "brigando" dentro do seu bolso para ver quem vai levar mais, e por isso precisam de *disciplina*.

Lembre-se de que você é o juiz da sua vida financeira: a decisão de *para onde deve ir* seu dinheiro é somente sua, e você não deve delegar a *destinação* dos seus pagamentos levianamente à sorte ou cegamente à má propaganda. É preciso assumir a responsabilidade sobre seu destino financeiro e ter prudência: a forma como você *escolhe* destinar seu dinheiro rumo a seus diversos pagamentos selará seu destino e sua riqueza financeira.

Ao fazer suas escolhas para cada centavao que chegou até seu bolso através do seu trabalho, busque sabedoria e cuide de afastar-se daqueles *péssimos vícios financeiros* que, em vez de multiplicar, acabam por *dividir e pulverizar o dinheiro:*

Dívidas nocivas: abundantes, de grande volume financeiro, contraídas de forma emergencial e sem um bom planejamento, consumindo enormes quantias em juros desnecessários, um dinheiro que simplesmente "vira pó", não agrega para sua vida.

Gastos descontrolados: inchados, excessivos, desorganizados e mal focados, que levam um dinheirão embora, mas não trazem qualidade de vida em troca.

Investimentos medíocres: esporádicos, de valores tímidos, que rendem pouco demais ou trazem riscos desnecessários, gerando perdas perfeitamente evitáveis.

Nenhum desses males vitimará seu bolso se, ao longo dos próximos 12 meses, você tiver a disposição de assimilar os bons hábitos financeiros que tenho para lhe transmitir nesse **plano da virada** para sua vida financeira. Quem procura desenvolver uma consciência financeira evoluída, conhecendo e dando *empowerment* aos fatores multiplicadores do dinheiro em sua vida, consegue sempre enriquecer de maneira progressiva e duradoura, seja em tempos de crise ou de prosperidade na economia, apenas trabalhando melhor as três fontes indicadas para aumentar seu poder aquisitivo e aprimorar sua qualidade de vida. O "andar da carruagem" da macroeconomia não depende individualmente de mim ou de você, mas estas fontes multiplicadoras podem estar sob nosso controle e atuar a nosso favor, se assim nós desejarmos. Vamos nessa?

CONHEÇA TAMBÉM O *BEST-SELLER*

12 MESES PARA ENRIQUECER

O PLANO DA VIRADA

12 MESES PARA ENRIQUECER
O PLANO DA VIRADA

NINGUÉM CONSEGUE DOBRAR sua fonte de renda da noite para o dia, mas é possível dobrar seu poder de compra e consumo mais rapidamente do que você imagina. Para isso, terá de dominar as técnicas da multiplicação do dinheiro.

Num financiamento de imóvel de longo prazo, por exemplo, você paga cerca de duas vezes o valor de compra corrigido. O dobro do esforço X metade do resultado: uma péssima dívida. Que tal aprender uma forma de pagar apenas 30% do valor do bem, deixando que o restante seja coberto pelos juros ganhos sobre juros em suas aplicações financeiras dinâmicas?

12 meses para enriquecer lhe ensina a traçar o plano da virada em sua vida financeira, renovando sua forma de lidar com dívidas, gastos e investimentos, aprendendo a multiplicar seu dinheiro e ampliar continuamente seu poder aquisitivo de qualidade de vida.

O que o autor propõe não é um conjunto de teorias, mas um plano incrivelmente prático e acessível que você pode passar a adotar imediatamente para enriquecer. Mãos à obra, pois agora você está a um passo de transformar seu relacionamento com o dinheiro!

12 MESES PARA ENRIQUECER
O PLANO DA VIRADA

EIS AQUI UM LIVRO VERDADEIRAMENTE PRÁTICO, que vai revolucionar sua forma de lidar com o dinheiro.

Combinando exemplos práticos com histórias que ilustram o mecanismo da multiplicação do dinheiro, o autor reuniu neste livro os segredos dos últimos 20 anos atuando como consultor financeiro especializado em planejamento familiar. E ainda lhe apresenta um inédito kit de calculadoras úteis e muito fáceis de usar.

12 Meses para Enriquecer - O plano da virada apresenta estratégias inovadoras para que você possa dar uma grande virada em sua vida financeira em apenas um ano. Ou até antes disso, dependendo de sua dedicação na aplicação do plano sugerido.

Para lidar bem com seu dinheiro é preciso entender como ele nasce e se multiplica.

Aqui você encontra o passo a passo para iniciar sua jornada rumo ao enriquecimento contínuo, aprendendo a cuidar melhor de áreas como:

- Aquisição de imóveis
- Compra de carro
- Acumulação de reservas para realizar sonhos
- Formação de patrimônio para aposentadoria
- Administração do orçamento familiar
- Replanejamento e eliminação das dívidas

Esse é o convite que o autor lhe faz nesta obra:

"O mundo se divide em dois grupos: as pessoas que ganham juros e aquelas que pagam juros. Aprenda a fazer parte do primeiro time, multiplique seu dinheiro, enriqueça e revolucione sua qualidade de vida!"

Dúvidas, comentário, outras informações e para receber boletins de Marcos Silvestre sobre finanças e investimentos entre no site: www.oplanodavirada.com.br.
Lá é possível baixar também as calculadoras para praticar.

Este livro foi composto
em Fairfield e Frutiger para a Leya
em setembro de 2011.